그래, 엄마야

발달장애인 자녀를 둔 엄마들의 이야기

그래, 엄마야

인권기록활동네트워크 '소리' 지음

오월의봄

일러두기

1. 구술자의 나이는 인터뷰 당시인 2015년도 기준이다.
2. 자녀의 이름은 맥락에 따라 존칭을 생략했다.
3. 인터뷰이 입말 중 왜곡된 통념이 반영되었거나 장애 차별적인 표현이 일부 있으나 이는 맥락적으로 사용될 필요가 있다고 판단한 경우 ' '로 표시해 그대로 두었다.

엄마들의, '나'의 이야기가 시작되기를

인권기록활동이라는 화두로 모인 비장애인 여성들이 발달장애인 자녀를 둔 어머니의 이야기를 기록하기로 선택한 것은 사실 모험에 가까운 일이었다. 가족 중에 장애인이 있거나 장애 문제에 관심이 있는 구성원들도 있지만, 발달장애인 자녀를 키우는 '어머니'의 목소리에 온전히 귀를 기울이는 경험은 완전히 새롭고 낯선 세상과의 만남이었다.

기록한다는 것은 사회를 조망하는 일이다. 수많은 목소리의 퍼즐 조각을 맞춰보면서 누구의 목소리가 빠져 있는지, 왜 그이들의 이야기는 사회에 들리지 않는지, 발언권을 갖지 못한 수많은 목소리 중에서 우리가 지금 특히 주목해야 하는 목소리는 누구인지를 따져보는 것에서부터 기록은 시작된다.

왜 우리는 발달장애인의 엄마를 만나고 싶었을까

발달장애인을 둔 부모가 직접 자신의 이야기를 풀어내고 쓴 책이 없었던 것은 아니다. 그렇지만 그 책들은 대부분 아버지들이 주인 공이다. 대중매체를 통해 간간이 나타나는 발달장애인 어머니의 모습은 가슴 아픈 사연만 부각하거나 아이를 '성공'시킨 희생적인 영웅담에 국한될 뿐이었다. 어떤 존재들의 삶을 이야기하는 데 평면적인 묘사만 반복된다면 우리는 그것이 진짜가 아닐지도 모른다는 의문을 가져야 한다.

현재 한국 사회에 등록된 발달장애인의 숫자는 약 20만 명. 비장애인 자녀 양육도 대부분 어머니가 도맡다시피 하고 있는 한국 사회에서 그 20만 명의 돌봄을 전담하고 있는 주체는 거의 '어머니'일 것이다. 발달장애인의 권리를 찾기 위해 싸우는 현장에도 어머니들의 활동이 두드러진다. 그러나 왜 이 어머니들은 발달장애인 자녀의 이야기를 넘어서 '자신의 삶'에 대한 목소리를 낼 기회를 가지지 못하는 것일까. 우리의 기본적인 문제의식은 여기에서 출발한다.

우리의 문제의식은 2013년 말, 발달장애인법 제정을 앞두고 있던 시기의 전국장애인부모연대의 고민과 만나면서 더욱 확장되었다. 그리고 2014년 갖가지 사회적 지원이 포함된 발달장애인법이 제정되었다. 이 법을 통해 어머니는 오롯이 자기 품안에만 있던 자식과 분리될 수도 있게 되었다. 그것은 물리적인 측면에서뿐만 아니라 거의 자신과 동일시되고 있는 자식과의 애착관계를 끊고 거리두기를 하는 과정이 필요하다는 것을 뜻한다.

우리는 '발달장애인의 어머니'라는 이름 뒤에 가려진 한 존재로서의 삶을 묻고 싶었다. 그 한 '존재'가 발달장애가 있는 자녀를 출산하고 양육하면서 어떠한 삶의 굴곡을 겪는지, 그 과정에서 어떻게 스스로 삶을 일구고 있는지를 들어보고자 했다. 발달장애인 자녀의 변화와 성장을 중심에 둔 이야기가 아니라 '어머니가 겪은 변화와 갈등'을 드러내면서 이 여성들을 고유하고 존엄한 한 존재로서 세상에 드러내고 싶다는 큰 포부를 키웠다. 그리고 그이들이 여성으로서, 또 한 개인으로서 자아를 드러낼 수 있도록 몇 가지 질문을 준비했다. 그러나 그것이 실제 인터뷰에서 무용지물임을 깨닫는 데에는 그리 오래 걸리지 않았다.

발달장애인의 어머니라는 굴레는 상상 이상으로 막강한 것이었다. 어머니라는 존재는 한국 사회에서 신화화되어 있다. 어머니의 삶은 양육의 짐뿐만 아니라 집 안의 크고 작은 일들을 챙기는 끝이 없는 고된 노동으로 점철되어 있다. 사회는 감내하기 힘든 희생을 어머니에게 요구하고 그것을 아름다움이나 고귀함이라는 이름으로 찬양하면서 덮어둔다. 발달장애인의 어머니와 비장애인을 양육하는 어머니는 남성 중심 사회의 여성으로서 서로 교차하는 경험을 가진다. 더구나 발달장애인에 대한 차별과 몰이해로 가득한 사회 속에서 발달장애인 자녀를 양육하는 어머니가 짊어져야 하는 무게는 더 무겁다. 인터뷰를 하는 동안 어떠한 질문을 던져도 기록자와 구술자의 대화는 결국 자녀와 관련된 이야기로 수렴되었다. 내가 좋아하는 것, 나의 꿈, 내가 나의 삶에서 어떤 존재가 되고 싶은지를 묻는 질문 앞에서 그녀들은 생경한 무언가를 만난 듯 머뭇거렸다.

이 어머니들은 현재에도 미래에도 아이와 분리된 '나'의 시간을 상상하기 힘들어했다. 그것이 그녀들의 현실임을 절절히 깨달았다는 것이 이 기록을 통해 얻은 우리의 가장 큰 배움이다. 이 말은 마치 우리가 시작점에서 한 발자국도 벗어나지 못한 것을 뜻하는 것 같지만, 사실은 완전히 다른 자리에 서 있음을 의미한다. 발달장애인의 어머니들이 지금 서 있는 풍경을 그녀들의 목소리를 통해서 구체적으로 그려본 것이기 때문이다. 이 여성들은 고단함, 눈물, 한숨, 종종거림이 교차하는 매일의 삶 속에서 걷히지 않을 것 같은 안갯속을 걷고 있다. 그럼에도 그 안에서 이정표를 만들며 어떻게든 길을 열어왔다. 포기도 섣부른 희망도 아닌, 그 사이를 진동하는 삶의 기록이 이 책 속에 담겨 있다.

닿지 못한 목소리가 있다면

발달장애인은 백인백색이라는 말이 있다. '발달장애'라는 하나의 단어로 묶여 있지만 장애의 정도나 보이는 양상, 필요한 지원들이 다 제각각이라는 말이다. 양육을 담당하는 어머니들이 처한 고민도 그만큼 다양할 것이다. 이 기록을 시작하면서 우리에게 가장 먼저 다가온 고민은 '누구를 만날 것인가'였다. 20만 명에 가까운 발달장애인의 어머니들 중에서 우리는 누구를 만나야 하는가. 아니, 누구를 만날 수 있을 것인가. 드러나지 않았던 이야기를 듣고자 하는 것이니, 누가 어떤 이야기를 해줄 수 있는지에 대해 우리는 어림짐작할 무엇도 가지고 있지 않았다. 서울에서 김서방 찾는 심정으로 이 기록의 방향을 찾아야 하는 상황이었다. 우선 전국장애인부모연대를 통해 전국 지부에서 활동하는 어머니들을 만났고, 그 외의 경로를 통해서도 인터뷰이를 발굴하고자 노력했다. '활동가'가 아닌 어머니들의 목소리는 또 다를 것이기 때문이다.

기본적인 몇 가지 기준을 세웠다. 삶의 이력, 개인의 특성에서 다양성을 고려했다. 그러나 극단적인 '사례집'이 되지 않도록 경계했다. 지역적·경제적 조건, 가족관계 등 사회환경적 차이를 고려했으며, 그런 요인들이 어떻게 한 사람의 삶에 차이들을 만들어내는지가 드러날 수 있기를 바랐다. 아이의 장애 정도는 특별히 고려하지 않았다. 장애의 정도나 유형에 따라 처한 상황이 차이가 있다고 할 수도 있지만 근본적으로 부모가 느끼는 어려움의 무게를 서로 비교하기는 어려울 것이기 때문이다. 그러나 자녀의 나이는 다양하게 배치했는데, 어린아이와 성인기를 앞둔 자녀를 둔 부모가 직면한 고민과 욕구가 다를 것으로 생각했기 때문이다.

이 책에는 주로 30대에서 50대까지의 여성들의 이야기가 실려 있다. 아마도 아이의 연령대를 고려하다보니 그렇게 된 것일 수도 있지만, 우리와 연이 닿을 수 있는 조건에 있는 사람들이 이 나이대의 여성들이기 때문일 수도 있다. 어쩌면 이 책에 실린 분들은 '운 좋은' 분들에 속할지도 모른다. 정말로 목소리를 내기 어려운 상황에 있는 어머니들에게 우리가 닿지 못한 것은 아닐까 하는 아쉬운 마음이 든다.

이 기록을 시작으로 더 다양한 목소리가 들리고 널리 퍼지기를 바란다. 우리는 이 기록이 우선 같은 발달장애아를 둔 부모들에게 읽히기를 바랐다. 발달장애인 부모들은 고립되기 쉽고 서로의 삶의 이야기를 나누기 힘들다. 아이와의 관계에 매몰되어 '자신'을 바라볼 여유가 없기도 하다. 이 책이 부모들 사이의 이야기의 물꼬를 트고 정보를 나눌 수 있는 계기로 쓰이면 좋겠다. 그리고 비장애인 독자들에게는 발달장애인의 엄마들이 놓인 구체적 삶의 조건과 맥락을 살필 수 있는 책으로 다가가길 바란다.

이 책을 함께 기획하고 인터뷰와 집필 과정에 걸쳐서 중요한 조언을 해준 전국장애인부모연대 김치훈 정책실장, 송효정 활동가에게 감사하다고 말하고 싶다. 원고의 미진한 부분을 꼼꼼히 살펴 준 장애여성공감의 배복주 소장, 노들장애인야학의 홍은전 교사 또한 우리의 거친 항해에 든든한 등대가 되어주었다. 아름다운재 단에게도 감사의 말을 빼놓을 수 없다. 기록 활동의 공익성을 인식 한 재단의 지원이 있었기에 전국을 돌아다니며 여러 사람들을 만 날 수 있었다.

그리고 무엇보다 이 책에 실린 열여섯 명의 발달장애인 어머니 들께 깊이 감사드린다. 이 책이 세상에 태어나 어떠한 역할을 할 수 있다면, 그것은 꺼내기 어려웠을 이야기들까지 솔직히 내어준 이 여성들의 힘 때문일 것이다. 열여섯 명의 여성들은 각자 고유의 빛깔로 이 책을 물들이고 있다. 그것은 사회적으로 통용되는 '성 취'나 '성공'이 만들어낸 것이 아니었다. 매일을, 매순간을 진동하 며 살아온 삶이 건져 올린 진실이 빚는 감동이다. 이 책을 읽을 다 른 어머니들께도 당신의 경험과 감정, 그 모든 하나하나가 정말로 소중하고 대단하다는 것을 꼭 이야기하고 싶다.

2016년 4월

인권기록활동네트워크 '소리'를 대표하여

박희정

차례

응답하라, 사회여

김종옥 • (사)함께가는장애인부모회, 작가

우리 아이는 발달장애가 있는 보통 아이

실없지만 이런 질문을 해봅니다. 동물세계에도 발달장애가 있을까? 발달장애의 규정에 따라 아마 다른 답이 나올 겁니다. 인간도 동물에 속하니까 당연히 동물세계에도 발달장애가 있는 셈이지, 하는 뻔한 대답 말고요. 제 생각입니다만 동물세계에서는 그 질문 자체가 무의미합니다. 어차피 동물세계는 인간세계보다 훨씬 더 다종다양하므로 개체 간의 차이 또한 그 다양성 속에 포함될 테지요. 말하자면 좀 차이가 있어도 별게 아닌 것이 되고 말 것 같다는 뜻입니다. 영리하고 덜 영리하고의 차이도 튼튼한 몸의 차이에 비하면 별것 아니기 쉽고, 사회 적응도의 수준 차이란 것도 그들 사회가 '사회'라고 할 만큼 발달하지 않았으므로 그리 의미 있지가 않겠지요.

그럼 왜 이런 무의미해 보이는 질문을 했냐고요? 짐작하셨겠지만 어쩌면 발달장애란 인간세계에만 있는 독특한 장애 개념이고, 그것 역시도 인간 종족이라는 틀을 훨씬 더 크게 확장시켜 놓고 보면 어쩌면 별것 아닌 차이일 수 있다는 말을 하려는 이유에서입니다. 물론, '생각하기에 따라서'라는 조건이 붙지만.

발달장애가 무엇이냐고 묻는 사람들에게 이방인의 비유를 해주면 쉽게 이해합니다. 문득 당신이 홀로, 이전에 전혀 알려진 적이 없는 독특한 문화를 갖고 있는 아주 낯선 부족마을에 뚝 떨어졌다고 칩시다. 말은 물론 먹는 것도 잠자는 것도 심지어 감정까지도 아주 다른 부족입니다. 당신은 완전히 어리바리 바보처럼 보일 것이고, 그 부족은 당신을 무척 경계하겠지요. 완전히 다른 그들의 문화를 힘들게 배우기 전까지 당신은 그들에게 사회적 소통이 전혀 되지 않는 이방인입니다. 지금 우리 사회에서 살아가고 있는 '자폐장애인'의 모습과 같습니다.

외계인의 세계로 갔다고 하면 더 신기합니다. 우리보다 지능이 엄청나게 발달한 어느 별에 갑니다. 그들은 우리보다 훨씬 두꺼운 대뇌피질을 갖고 있고, 그 위에 더 새로운 신경망까지 파마머리처럼 덤으로 얹혀 있습니다. 그들이 볼 때 우리는 그들의 서너 살 때 지능이겠죠. 그렇다면 그들이 볼 때 우리는 어떤 모습일까요? 아마도 서너 살짜리 지능으로밖에 보이지 않을 수도 있습니다. 지금 우리 속에서 살아가고 있는 '지적장애인'과 '자폐장애인'을 합친 모습이겠죠. 그런데 이와 같은 비유는 어디까지나 쉽게 이해하기 위한 가벼운 것에 지나지 않습니다. 사실 발달장애는 이보다 더 복잡하고 어려운 문제입니다.

　우리 사회는 지적장애와 자폐성장애를 합쳐서 '발달장애인'이라고 규정하고 있습니다. (장애인복지법에는 '인지적 장애를 동반한 장애인'도 발달장애인의 범주에 넣습니다. 그래서 인지장애를 동반한 뇌병변장애인도 발달장애인으로 넣느냐 하는 문제가 논란 중입니다. 흔히 알고 있듯이 과잉행동장애 ADHD는 우리나라에서는 장애인복지법에서 규정하는 장애인 범주에 들어가 있지 않습니다.) 인지장애는 진단하기가 쉽습니다. 학습 수용 수준을 평가하는 이른바 아이큐라고 하는 수치를 기준으로 하니까요.

　자폐성장애는, 다양한 행동패턴을 갖고 있기에 자폐스펙트럼 장애라고도 합니다. 지능이 인지적 장애 수준인 경우도 있고, 그렇지 않은 경우도 있습니다(90퍼센트는 인지적 장애도 갖고 있습니다). 진단은 행동에 대한 평가를 통해서 규정합니다. 우리 사회는 장애 유형에 대한 사회적 공부 자체가 안 되어 있어서 단편적인 지식으로 장애를 이해하고 있습니다. 자폐성장애가 대표적인 경우지요. 그러니 관련 지식이 없는 사람들에게 자폐성 장애아는 '이상한 아이'라는 인식을 넘어서지 못하고 있습니다.

또 하나, 장애를 말할 때 등급에 관한 질문을 많이 합니다. 지금 우리나라의 장애인 제도는 장애인에게 등급을 매깁니다. 아이가 발달장애로 진단을 받고 장애 등급을 받을 때 부모들은 더 심하다는 등급을 받으려고 합니다. 발달장애는 1급에서 3급까지 있는데, 중증인 1급을 받아야지 활동 지원을 더 많이 받을 수 있기 때문입니다. (그러나 사람에게 등급을 매긴다는 발상 자체에 비인권적 은유가 들어가 있고, 도움을 받아야 하는 상태가 꼭 등급에 맞는 것도 아닐 때가 많습니다. 발달장애인의 특성에 맞는 지원을 찾아서 하는 것이 중요하지 다양한 발달장애인을 세 등급으로 나누어 똑같은 지원을 일률적으로 분배하는 것은 무척 무의미한 방법입니다. 그래서 장애운동에서는 등급제를 완전히 폐지하자는 주장을 하고 있는 거지요.)

이상한 아이라고요?

대부분의 부모들도 장애가 있는 아이를 낳고서야 발달장애가 무엇인지, 자폐가 무엇인지 배워갑니다. 배우기 전까지는 부모에게조차 내 아이는 이해할 수 없는 '이상한 아이'입니다. '이상한 점을 일부 갖고 있는 보통 아이'라는 결론은 공부를 해야만, 많이 겪어야만 얻을 수 있는 성찰입니다. 사실 누구나 인간은 '이상한 점을 갖고 있는 보통 사람'입니다. 우리는 누군가를 완전히 이해하기 어렵고, 자기 스스로도 자신을 다 이해할 수 없습니다. 이건 당연한 것입니다. 하지만 이렇게 말한다고 해서 아무 일도 아니고 문제될 것도 없다고 말하려는 것은 절대 아닙니다. 이른바 우리 '일반인'들의 세상은 '일반인'들의 사는 문법에 맞게 설계된 세상이고, 우리 아이들의 '이상한 점'이란 다름 아닌, 다른 문법을 갖고 태어났다는 점이거든요. 인간으로서, 생명으로서는 차별 없는 똑같은 존재이지만, 인간이 만들어가고 있는 사회의 문법은 무척 익히기 어려운 존재가 바로 발달장애인들입니다.

문법이 다르다는 건, 발달장애인이 비장애인을 이해하기 어렵다는 말이지만 동시에 우리도 발달장애인을 이해하기 어렵다는 뜻입니다. 그래서 옆에서 이러니저러니 하고 불편한 참견을 하는 사람들에게 우리 장애아들의 엄마들의 대꾸는 한결같습니다. "데리고 살아봐~"입니다.

우리 발달장애 아이들이 조금 또는 많이 갖고 있는 그 '이상한 점'이란, 들여다보면 이런 겁니다. 특정 행동을 반복하기도 하고, 일정한 습관을 고집하기도 합니다. 사람들과 눈을 맞추기 싫어하고, 남이 몸을 만지는 걸 싫어합니다. 갑자기 사람을 밀친다거나 소리를 지른다거나 때린다거나 하는 돌발 행동을 하기도 하고, 심하게 분노하거나 스트레스를 심하게 받기도 하고 자해를 하기도 합니다. 혼잣말을 끊임없이 중얼거리기도 하고, 위험한 것을 잘 알아채지 못하기도 합니다. 보고 듣고 감촉하는 감각도 보통의 경우와 다른 경우가 많습니다. 특정한 광선, 특정한 소리, 특정한 감촉에 집착하거나 그것들을 몹시 못 견뎌할 때도 있습니다. 대개는 자기 신변 처리에 서투른 경우가 많고, 무엇보다도 언어 소통에 문제가 많습니다.

말 자체를 무척 더디게 익히거나 익혀도 불완전하고, 때론 아예 익히지 못하는 수도 많습니다. 앞서 이방인의 비유를 들었습니다만, 특히 언어 문제에서 발달장애인들은 거의 외계인의 언어와 접하는 것처럼 보입니다. 인간과 소통하는 주요한 도구를 갖고 있지 못한 거지요. 게다가 사람의 표정도 전혀 읽지 못하거나, 잘 못 읽습니다. 때론 타인을 전혀 인식하지도 못합니다. 중증 발달장애인의 경우, 그는 60억 인구가 다 똑같은 사람처럼 보일지도 모릅니다. 인간관계를 맺는 상호작용을 하지 못하기 때문입니다. 그러니 우리 아이들이 그나마 자라면서 기초 수준의 언어를 익히고 아주 기본의 말을 할 수 있게 된다는 것은(때론 아주 수다스러워지기까지 한다는 것은), 매우 눈물겨운 노력이 있었다는 뜻이기도 합니다. 그러니 성의를 다해 들어주고 대꾸해줘야 합니다, 마땅히.

때론 특정 분야에 대한 집착 때문에 놀라운 능력을 보일 때도 있습니다. 그래서 자폐는 한 가지 특별한 재능이 있다더라, 하는 오해가 생겨납니다. 수십 년치의 달력이 통째로 머릿속에 들어 있기도 하고, 전국의 모든 교통망 정보와 한 번 갔던 곳의 모든 경로를 통째로 외우기도 합니다. 스윽 훑어본 경치를 사진을 찍듯 정교하게 다시 그려내기도 합니다. 한 번 들은 음악을 그대로 재연하기도 하지요. 그러나 이것은 극히 일부의 경우입니다. 이것이 자폐의 일반적인 특징은 아닙니다. 다만 이런 특징이 있다면 자폐를 갖고 있을 확률이 높긴 하겠지만요.

여러 가지 오해

우리 아이들이 학교에 가면 또래들이 "정신병자다" 하고 놀립니다. 뭔가 정신에 문제가 있는 것 같긴 한데 정확히는 모르겠고 그래서 정신병이라고 하는 겁니다(자폐가 처음 명명될 때가 1945년인데, 그때는 유아정신병의 일종으로 간주되었답니다. 70년 전 얘기입니다). 질병이 왜 놀림감이 되어야 하는지도 문제지만, 발달장애를 정신병으로 보는 것도 문제입니다. 어른들도 이렇게 알고 있는 사람들이 있습니다. 데리고 다니면 혀를 차면서 "저런 병이 있는 아이를 왜 데리고 다녀" 하는 사람들이 있지요.

그 사람들은 우리 아이들이 스스로에게뿐만 아니라 남에게 위험한 존재라는 생각에 사로잡혀 있는 것처럼 보입니다. 사람을 밀쳐서 차에 치이게 하거나 폭행을 하거나 하는 '반사회적 행동'을 할 거라는 것이지요. 그래서 슬슬 피하다가 조금이라도 과한 행동이 나올라 치면 금세 포승줄로라도 묶어야 할 것처럼 야단이지요.

그저 미성숙한 사회에서 사는 죄, 이런 사회를 더 열심히 바꿔나가지 못한 죄라고 생각하며 치워버립니다만, 한 명이라도 붙들고 설명을 해줬으면 하는 충동이 들 때가 더 많습니다.

물론 예전에 비하면 많이 나아졌습니다. 예전엔, 엄마의 잘못이라고 하던 때가 있었습니다. 임신 중에 몸가짐을 잘못해서 그렇다, 잘못 먹어서 그렇다, 아이에게 애정을 주지 않아서 그렇다, 잘못 키워서 그렇다, 하면서 이런저런 참견(비난)들을 했지요. 지금은 그 정도는 아니지만, 때론 불확실한 정보를 듣고 와서 충고 아닌 충고를 하는 경우가 있습니다. 중금속 오염 물질이 몸에 쌓여서 그렇다더라, 어려서 맞은 백신 속 방부제 때문이라더라, 우유를 많이 먹이면 안 좋다더라……

결론을 말하자면 자폐의 원인은 아직 명확하지 않습니다. 발달한 유전자공학의 연구로 해명될 수 있는 날이 올 수도 있겠지만(부디 그랬으면 좋겠지만), 아직은 모릅니다. 여기저기서 나온 그 모든 요인들이 작용하다가 어떤 특정 기제에 따라 발현하는지도 모릅니다. 문제는 지금, 여기입니다. 지금 여기에 우리 아이들은 발달장애를 갖고 태어났고, 우리 사회는 발달장애에 대한 배려가 한참 부족하다는 사실이지요.

발달장애 아이와 살아가기

장애인의 범주에 자폐성 장애라는 것이 들어간 게 1990년대입니다. 20년의 세월이 지났습니다만 아직도 발달장애가 뭔지, 자폐가 뭔지 모르는 이가 많습니다. 옆에서 같이 생활해본 경험은 더욱 적습니다. 이만한 경제적 수준의 나라에서 이 정도밖에 안 되는 장애 정책을 펼치고 있다는 게 놀랍습니다.

우리나라의 등록장애인은 약 250만 명쯤 됩니다. 발달장애는 20만 명이고 그중에서도 아동기는 5~6만 명입니다. 그런데 지체장애인의 숫자는 점점 줄어들고 있어서, 아래 연령대로 갈수록 전체 등록장애인 가운데 발달장애인이 차지하는 숫자가 많아지고 있습니다(현재 18세 이전 아동기만 놓고 보면 전체 등록장애인 중 60퍼센트 이상이 발달장애인입니다).

여기에 어려운 문제가 있습니다. 지체장애인의 경우 인지 능력의 장애는 없기 때문에 자기의사 표현이 가능하고 자기결정권도 있어서 자기 스스로 문제를 헤쳐나갈 수 있습니다. 신체의 장애이기 때문에 사회적 조건이 잘 갖추어진다면 무장애 사회도 가능합니다. 발달장애의 경우에는 그러기가 매우 어렵습니다. 발달장애인은 사람들과의 사회적 상호작용이 잘 안 됩니다. 또 자신에 관련한 일을 스스로 결정하고 처리하는 능력이 부족하기에 조력자를 필요로 하는 경우가 많고, 따라서 발달장애인의 장애운동은 대개

당사자 운동이 아니라 그 부모들이 같이하는 운동이 됩니다.

어느 정치인이 '저녁이 있는 삶'이라는 근사한 구호를 내세웠던 적이 있습니다. 발달장애인 가족에게도 그것은 애틋한 희망입니다. 아이가 태어나고, 그 아이가 다른 보통의 아이들과 다르다는 걸 안 순간부터 부모는 끊임없는 인내력과 체력 싸움에 들어갑니다. 도무지 이해할 수 없을 것 같은 아이를 이해하기 위해 공부를 하고, 어디로 튈지 모르는 아이 손을 꼭 붙잡고 이곳저곳 소아정신과 상담과 조기교육실과 특수치료실을 전전하면서 하루 종일 돌아다니다 집에 오면 파김치가 되어버리기 일쑤입니다. 온 식구가 마주하는 단란한 저녁상을 갖기 어렵습니다.

그렇기 때문에 발달장애 아동이 있는 가정은 가족 간 불화를 겪거나 아예 해체되는 일도 많습니다. 누군가는 장애 아이에게 매달려 있어야 하는데 대개는 엄마가 그 역할을 맡습니다. 그러다보니 다른 가족에게 손길이 덜 미치게 되고 그것이 불화로 이어지는 것이지요. 가족이 단란하려면 식구들 모두 엄청난 인내와 노력을 기울여야 합니다.

아이의 학교생활 또한 힘겨운 투쟁입니다. 특수학교에 가기도 하고, 일반학교의 특수반(개별반, 도움반)에 다니기도 하고, 일반학교의 일반학급에서 완전 통합교육을 받기도 합니다. 일반화 교육이 어려운 우리 아이들의 특성상 아이 특성에 맞는 맞춤교육을 따로따로 해야 하는데, 우리 교육 현실은 이런 준비가 많이 부족합니다. 게다가 통합교육의 경우, 함께 생활할 비장애 학생들이 장애에 대한 기본 소양 교육이 안 되어 있다면 통합교육이라는 의미 자체가 무색해집니다. 우리 교육이 경쟁을 좋은 것으로, 공정한 교육적 행위로 간주하는 한 발달장애 아이들은 뒤처진 아이로서 이 사회에 쓸모없는, 오히려 부담이 되는 존재로 은연중에 여겨지게 됩니다. 사람은 그 자체로 존중받아야 하며 도구로 취급되어서는 안 된다는 인권법칙은 학교에서부터 뭉개집니다.

그런데 학교를 벗어나면 더 두려운 곳에 서게 됩니다. 갈 곳이 없습니다. 일부는 전공과라고 해서 직업교육 등을 배우는 상급학교에 진학하기도 하고, 복지관 프로그램을 전전하기도 하며, 주간보호센터나 작업장을 찾아다니기도 합니다. 어떤 경우에도 사회 속으로 의미 있는 진입은 되지 못할뿐더러 이마저도 턱없이 부족합니다. 배움이 더디고 장애 특성상 퇴행하지 않기 위해 꾸준히 적절한 교육적 자극을 받아야 하지만 이 당연한 요구는 아직 제대로 보장받지 못하고 있습니다. 그래서 요즘 부모들의 바람은 지역마다 평생교육센터나 중증 장애인을 위한 교육보호시설 등이 세워져서 우리 아이들이 의미 있는 곳 어딘가에 다니는 것입니다.

응답하라, 사회여

아이를 어디로 보낼 것인가 하는 문제는 결국 어떻게 남겨놓을 것인가 하는 문제와 닿아 있습니다. 어미로서 바라는 점은 오직 우리 아이가 존중받으며 안전하게 사는 것이고, 나름의 즐거움을 누리며 사는 것입니다. 퇴행하지 않기 위해 꾸준히 배우고, 자기만의 삶의 즐거움을 누리고, 일의 능률이 아니라 노동 그 자체에 대해 평등한 대가를 받고 사는 것, 이 세 가지가 이뤄진 삶을 사는 것이 목표입니다. 그것도 격리된 수용소가 아니라 이 사회 공동체 안에서 말이지요. 지금은 이 꿈이 판타지 소설 같습니다. 현실로 돌아와, 내가 살아 있는 동안은 어떻게든 해보겠지만 내가 없이 남겨질 아이가 어떤 세상에서 살아갈지를 생각하면 가슴이 덜컥 내려앉습니다.

길게 잡아서 지난 20여 년 세월 동안 장애 부모들의 처절한 부모 운동의 결과 많은 조건이 나아졌습니다만, 우리 사회는 아직도 함께 살아가는 준비가 너무 안 되어 있습니다. 장애를 낯설게 보고 피합니다. 공동책임이라는 것도 싫어하고 지원을 아까워합니다. 우리 아이들이 이 사회를 배워나가는 건 매우 어렵습니다. 배움의 도구 자체가 비장애인과 다릅니다. 반면에 비장애인이 장애에 대해 배우는 건 비교적 쉽습니다. 쉬운 쪽에서 배우는 것이 당연한데도 우리 사회는 쉽게 외면해왔습니다. 어떤 갈급한 다른 업무에 목을 맨 사람들처럼, 사람이 사람을 돌보고 함께 살아가는 사회를 만드는 데 힘을 쏟지 않습니다. 그래서 결국 장애를 가진 이들만 살기 어려운 사회가 아니라, 모든 경쟁에서 뒤처진 사람에게 냉정한 사회를 만들고 있습니다. 이 속에서 아이의 손을 놓아버리지 않기 위해서 장애 아이의 어미들은 발버둥을 칩니다.

내가 오롯이 짊어지는 이 짐을 사회가 나눠 들었으면 좋겠습니다. 그러면 나도, 우리 아이도, 우리 가족도 한결 숨 쉬기 편할 것 같습니다. 내가 이 손을 놓고서 멀리 떠난다 해도 우리 아이가 엄마의 손길을 이 사회 속에서 여전히 받아가며 살아갔으면 좋겠습니다. 이번 생에서의 내 삶이 그걸 위해 쓰여도 좋습니다. 우리 아이와 어미인 저는 이번 생을 그렇게 같이 살다 가려 합니다. 왜냐하면 모든 어미가 그렇듯, 이 아이로 인해서 나는 행복하기 때문입니다.

이 책에 등장하는 어머니 소개 (가나다 순)

김숙자   스물한 살에 직업군인과 결혼하여 두 아이를 낳은 40
        대 중반. 현재 파주에 살고 있다. 발달장애 1급인 둘째
        승윤이가 성인이 된 지금(2016년), 승윤이를 포함한 가
        족이 어떻게 하면 행복하게 살 수 있을지 새로운 그림
        을 구상하는 중이다.

김은주(가명)   40대 중반, 수도권 거주. 캠퍼스 커플이던 남편과 결
        혼해 2년 뒤인 스물아홉 살에 발달장애가 있는 딸 수
        연(가명)이의 엄마가 되었다. 그리고 일곱 살 터울인
        둘째딸도 낳았다. 내가 잘하는 일은 따로 있고 엄마가
        행복해야 아이도 행복하다는 생각으로 직장을 포기
        하지 않고 계속 다니고 있다.

박혜영   가족에 무관심한 남편을 뒤로하고 두 딸과 함께 새로
        운 삶을 시작했다. 40대 중반에 시작한 홀로서기, 발

달장애가 있는 첫째, 이제 사춘기로 접어드는 둘째.
파란만장할 생의 한복판에 우뚝! 서 있다.

백미화   40대 초반. 울산에 살고 있다. 연년생 두 아들이 같은
희귀질환을 앓고 있고, 둘째는 발달장애를 동반했다.
처음에는 죄책감 때문에 돌봄의 짐을 혼자 짊어졌다.
이제는 남편과 나눠도 된다는 걸 알게 되었다. 세상과
더 적극적으로 만나기 위해 매일 용기를 낸다.

심선화   결혼 후 대구에 정착해 두 딸을 낳았다. 정은이의 장
애를 이해해주고 반겨주는 주민들이 있어 살고 있는
동네를 떠날 수 없다. 40대 끝자락인 요즘 정민이와
쿨하게 살기, 정은이와 조금씩 거리두기를 연습하고
있다.

양은영   순천에서 두 아이를 낳고 살고 있다. 둘째 서진이의
자폐 치료를 위해서라면 어디든 마다 않고 달려갔다.
마흔을 넘어선 지금 한 걸음 멈추고 주변을 본다. 묵
묵히 함께하는 남편과 아이들이 만들어내는 웃음을
들으며, 오늘의 소소한 즐거움을 느끼고 있다.

우진아   서울에 살며 1녀 2남의 자녀를 두고 있다. 발달장애아
인 쌍둥이 아들을 돌보며 장애와 인권에 대해 알게 됐
다. 40대 후반인 현재, 장애인권교육활동을 하면서 자
녀들도 행복하고 본인도 행복할 수 있는 일을 찾으며
미래를 만들고 있다.

이넘   엄마도 멋진 직업이라고 생각하지만 세상과 가족의
평가는 늘 인색하다. 성인기가 코앞으로 다가온 큰딸
미선이의 학교 밖 진로를 찾느라 분주하게 일상을 보
내다보니 어느새 마흔 중반을 넘었다. 현재 서울에 살
고 있다.

이신향   남편이 일하는 논산에서 남매를 돌보고 있다. 최근 발
달장애아인 수겸이가 활동보조서비스를 받게 되면서
자신만의 시간을 조금씩 내어 이것저것 배우고 있다.
마흔 초반인 지금 '나'를 찾고 가족과 새로운 관계를
만들 꿈을 꾸고 있다.

이상희   어떤 상황에서도 멈춰 서지 않고 해야 할, 하고 싶은
것들을 찾아 나선다. 사춘기로 접어드는 두 아이는 내
게 새로운 숙제지만 그 속에서 발견하게 될 삶의 보석

이 더 값질 거라 믿어 의심치 않는다. 그렇게 매일매일 수원에서 오늘을 일구고 있다.

이유진(가명)   30대 초반, 여자보다는 엄마로 살고 싶다. 유치원에 다니는 아들 하음(가명)이는 세상의 유일한 가족이다. 하음이와 함께 살아갈 내일을 위해 오늘도 주경야독하는 마음으로 서울에서 주얼리 공예에 도전한다.

이정선(가명)   아들의 자폐성장애를 알고 난 후부터 삶은 도전이었다. 서른을 넘은 아들과 칠순을 바라보는 엄마는 지금껏 살던 집을 떠나 경기도에 새로운 생활터전을 만들고 있다. 불안을 뒤로하고 언제나 그랬듯이, 아들과 함께 행복하기 위해서 지금도 시작한다.

이찬미   서울에 뿌리를 둔 '나야' 장애인권교육센터에서 활동하고 있다. 어느새 지천명에 들어섰건만 삶은 여전히 안갯속이다. 자신의 일과 스무 살이 된 딸 소민이의 독립이 요즘 가장 큰 일상의 화두다.

전향숙   충북 옥천에서 발달장애인 자녀를 둔 부모들과 함께 울고 웃는 공간을 일구고 있다. 서른셋에 낳은 아들 호성이가 어느새 의젓한 초등학생으로 성장했다. 호성이가 청년이 되기 전에, 놓았던 미술 공부를 다시 시작하고 싶다.

지영원(가명) 서울 발달장애인 작업장에서 일하는 둘째 은석이(가명)를 키우느라 젊음을 보냈다. 아들만 둘인 그녀는 50대 중반에야 꿈이었던 여행을 갈 수 있게 됐다. 은석이가 안정적으로 살아갈 수 있는 방안을 찾는 게 남은 숙제라 여긴다.

한영미(가명) 살아오며 배운 것은 비우는 연습을 해야 한다는 것. 장애를 가진 둘째 아들과 살아오며 자신을 비우고 또 비우니 무언가 새롭게 채워진다는 것을 알게 됐다. 자신을 비우며 키운 둘째 현수(가명)가 취업한 후, 50대가 넘어선 그이는 이제 자신을 채우기 위해서 새롭게 공부를 시작했다.

1

장애를 알다/마주하다

엄마들의 이야기가 시작되다

정주연 씀

이야기 하나,

'장애아의 엄마'가 되다

양은영

그렇게 '엄마'가 되어갔다

"결혼할 생각이 없었어요. '내가 결혼을 왜 해?' 싶은 시절도 있었지만 아시잖아요. 하고 싶다고 다 내 뜻대로 되는 것도 아니고. 제가 국어국문과를 나와서 학원에서 중학생들 국어를 가르쳤어요. 오후에 출근해서 서너 시간 강의하고, 주말에는 과외를 해서 시간이 비교적 자유로웠죠. 더구나 친구들이 제주도부터 서울까지 전국 각지에 흩어져 있어서 제주도도 가고 서울도 가고. 뜻 맞는 친구들과 주로 놀러 다녔어요."

서른이 넘어서까지 자유인으로 살던 양은영 씨가 결혼하게 된 것은 예기치 못한 일이었다. 나이가 차니 선보는 자리도 어색하고 싫었다. 그래서 나가지 않겠다고 버텼는데 그날은 어쩐 일인지 일단 나가기만 하며 10만 원을 주겠다는 어머니의 꼬임에 넘어가 선자리에 나가게 되었다.

"결혼할 생각이 없으니 이름만 알고 나갔어요. 같은 대학 출신이란 점도 친근했고, 첫 만남부터 긴 시간 자연스럽게 이야기가 됐어요. 그 사람도 저랑 비슷하게 느꼈나 봐요. 그래서 빨리 빨리 만나서 결혼까지 하게 된 거죠."

양은영 씨는 서른넷에 결혼을 하고 숨 돌릴 틈 없이 임신과 출산까지 인생의 두 단계를 휘리릭 거치며, '나'로 살던 삶에서 '가족안의 여성'이자 본격적인 '엄마'의 길에 들어섰다. 나이가 있던 차에 아이를 가진데다가 병원에서 유산 기미가 있으니 조심하라고해서 하던 일도 접고 열 달을 조심조심 지냈다. 첫째는 딸이었고, 아이는 건강하게 세상에 나왔다. 그렇다고 양은영 씨가 마냥 행복하기만 했던 것은 아니었다.

"첫아이 여진이는 내게 기쁨이자 행복이었어요. 하지만 그동안자유롭게 내 맘대로 하고 살다가 온전히 다 내 몫인 자리가 하나생긴 거잖아요. 그걸 내가 온전히 감당해야 한다는 게, 그런 막중한 책임감이 확 다가오는 거예요. 그러니까 아이가 내 눈앞에 있는데도 실감이 안 났던 것 같아요. 지금 생각하면, 그때 큰애는 '아픈아이'가 아니었는데도 되게 힘들었던 거 같아요. 그래도 신랑하고사이기 그나마 좋은 편이라서 신랑 퇴근하고 이야기하다보면 조금 괜찮아지고, 그럭저럭 별 문제가 없었어요. 그래서 신랑은 정확히 제 감정을 몰랐을 거예요. 그때 산후우울증이 있었던 건데, 신랑이 출근하고 나면 그때부터 폭풍눈물을……"

그때가 떠오르는지 양은영 씨의 눈동자에 물결이 일렁인다. 실제로 한국 여성 중에 90퍼센트 이상이 산후우울감을 경험하고, 이 중 10~20퍼센트는 이보다 더 심각한 산후우울증을 호소하기도 한다고 정부 공식 기록에도 나온다. 그러나 상황의 심각성에도 불구하고 엄마의 육아 부담이 당연시되는 사회 분위기 속에서 '엄마 되기'의 두려움과 불안감, '나'를 잃어버렸다는 상실감에서 오는 답답함 등은 가족 내에서나 사회적으로 충분히 이야기되지도 못하고 이해받기도 힘들다. 양은영 씨도 이제야 자신이 산후우울증을 겪었다고 담담히 이야기하지만 아이가 부담으로만 다가왔던 자신의 감정에 대해선 여전히 당당할 수 없다.

"제가 심약하고 병약한 마음을 가진 사람이어서 그랬던 거 같아요."

'엄마'에서 '장애아의 엄마'가 되다

"엄마라는 이름에 어느 정도 익숙해졌을 때 둘째가 생겼어요. 주변에 사는 후배가 황금돼지해라고 아기를 가졌다는 말을 하는데,

그 말을 듣는 순간 갑자기 샘이 났어요. 그리고 얼마 후에 제가 임신한 걸 알았어요. 굉장히 좋더라고요. 행복하게 별문제 없이 아들을 낳았어요. 큰애는 딸인데, 이제 딸 아들 다 있으니까 더 좋았고요. 큰애가 굉장히 빠른 편이었는데, 한글이나 숫자 같은 걸 제가 하나도 안 가르쳐줘도 자기 혼자 다 깨우치더라고요.

큰애가 빠르다고 생각을 한 데 비해 둘째는 신체발달이 조금 더딘 편이었어요. 돌 무렵에 애들이 걷잖아요. 남자애들은 늦되다는 말을 들어서 덜 걱정하긴 했는데, 애가 15~16개월 무렵이 되어서야 간신히 한 발씩 뗐어요. 병원에 가서 걷는 게 늦다고 걱정을 하면 의사 선생님들이 그래도 다 정상적인 범주 안에 들어간다며 걱정하지 말라고 하니까 그런가보다 했죠."

그 무렵 아이가 반응이 없는 것 같아 청력을 의심하기도 했던 그이는 서진이 뒤에서 바스락 소리를 내보기도 했다. 아이가 고개를 돌리고 나서야 안심을 하며 '그럼 그렇지. 다른 애들보다 반응이 약간 느리긴 해도, 너 잘 크고 있는 거지' 하며 양은영 씨는 마음에 걸렸던 의심도 거뒀다. 그리고 집안 어른들도, 심지어 의사들까지 조금 늦을 뿐이라며 안심을 시켜줬기에 자신의 불안함을 그저 '예민함'으로 넘겼다.

"아무런 의심은 안 했지만, 그렇다고 순탄하게 크는 아이는 아니었지요. 큰애보다 여러 면에서 더 힘들었어요. 태어난 지 3개월 때부터 비염이 시작되어 밤에 숙면을 못했어요. 코가 막히니까 밤에 자다가 울고 뒤집어지고, 신랑도 아침에 출근을 해야 하는데 거의 잠을 못 자고 고생하다가 출근하고. 그래도 그냥 병치레가 많은 아이거니 했죠. 그러다 17개월 즈음의 어느 날 갑자기 애가 좀 이상하다는 생각이 든 거예요. 엄마 아빠 같은 말을 할 시기가 지났는데 말은 안 하고, 어느 날은 벽에 붙여놓은 한글과 한자를 보고 갑자기 그걸 가리키며 '하늘 천, 손 수' 이러고 읽더라고요."

말은 비록 아직 못했지만, 가르치지도 않는 글을 읽는 것을 보고 양은영 씨는 아이의 지적 능력에는 문제가 없는가보다 생각했다. 그럼에도 가끔 불안이 엄습하는 걸 지우지는 못했다. 그러던 차에 양은영 씨의 불안이 현실로 확인되는 순간이 왔다.

"두 돌 무렵에 머리에 뭐가 내려치는 듯한 상황이 왔어요. 신체 발달이 느리고 항상 아팠던 애니까 제가 다 챙기고 떠 먹여주는 적이 많았어요. 그런데 그날은 애가 손으로 숟가락을 잡고 먹는 게 아니고 개나 고양이가 음식을 먹듯 핥아 먹으려고 하는 거예요. 그 모습을 보는데 완전히 세상이 막 정지한 느낌이…… 막 울면서 친정 언니한테 전화를 했어요. 저도 모르게 제 입에서 '언니, 애 자폐면 어쩌지' 그 말이 튀어 나왔어요.

언니는 시청 복지과에서 오래 근무해서 아는 분들이 많았는데, 순천 특수 어린이집 원장님을 소개해주겠다고 하더라고요. 그런데 선뜻 거기부터 갈 게 아니다 싶더라고요. 계속 망설이고 있었는데, 제가 심하게 울었다는 소식을 듣고 가족 모임을 할 때 친정 오빠가 서진이를 눈여겨봤나 봐요. 오빠가 '아무래도 이상하다. 전남대 병원에 한번 가봐라' 그러는 거예요.

걱정을 했죠. 그런데 어느 날 밤 아이가 고열에 시달렸는데, 갑자기 '가갸 거겨'를 막 하는 거예요. 제가 항상 노래로 불러줬던 한글 알파벳 리듬인데, 그걸 그대로 하더라고요. '그치, 너 괜찮지' 다시 딱 마음을 놔버린 거예요. 그런데 오빠가 예약을 해놨더라고요. '검사해보는 게 나쁘진 않겠지. 검사해서 정상이면 더 믿을 수 있고.' 그래서 전남대 병원에 신랑이 휴가 내고 함께 갔어요."

양은영 씨는 꼼꼼한 성격답게 병원에 가기 전에 아이 특징을 찬찬히 수첩에 적어갔다. 서진이가 말을 제대로 못하는 게 걱정스러웠던 양은영 씨는 평소에 아이가 쓰는 단어들을 헤아려보며 수첩에 적어 내려갔다. 세어보니 162개였다. 병원에 간 첫날에만 여덟 명의 의사를 만났다. 맨 처음 소아재활의학과 선생님을 만났을 때 수첩에 써간 단어들을 보여주었다.

"아이가 평소에 쓰는 단어가 162개라고 말했어요. 그랬더니 의사 선생님이 그 시기에는 300개 이상이어야 한대요. 그래도 이 정도 차이로 정상이 아니라고 할 수는 없다는 거예요. 애들은 또 금방 치고 올라오는 시기가 있으니까. 나머지 일곱 명의 의사 선생님들도 한결같이 하시는 말씀이 애가 걷고 뛰고 하는 모습에 별문제가 없어 보이니 괜찮은 거 같대요. 단지 사회성이 떨어지는 거 같으니 어린이집을 보내래요. 안심을 했죠. 별거 아니구나. 그때가 딱 24개월 무렵이었어요.

그래도 병원에서 한 번 더 임상심리검사는 해봐야 한다고 했는데, 광주 전대병원은 예약이 꽉 차서 화순에 있는 전대병원에 예약해서 임상심리검사를 받았어요. 원래는 아이가 놀잇감을 가지고 노는 모습을 보고 검사를 하는데 애가 지시에 따르는 게 전혀 안 되니까 의사 선생님이 영유아 건강검진 문답지를 가지고 저한테 물어보며 체크를 하시더라고요. 그것부터 못 미더웠는데, 문답지를 다 작성하고 나서 아기가 어떤 것 같으냐고 여쭤봤더니 서진이랑 아빠를 한 번씩 힐긋거리더니 '결과는 한 달 후에 나오는데 제가 보기에는 자폐 같다'고 그러시는 거예요. 어이가 없었죠. 피상적이고 형식적인 질문 몇 개 던지고, 애를 한두 번 본 것 가지고, 어떻게 저렇게 무지막지한 말을 하나. 자격도 없는 사람이라고 남편과 엄청 욕을 하고 결과지 받으러 가는 건 생각하지도 않았어요.

결과지는 다시 광주 전대병원에서 받아야 한대요. 진짜 가기 싫었는데, 남동생이 같이 가보자고 해서 갔지요. 광주에서 소아정신과 의사 선생님을 만났는데, 아이한테 트럭 장난감 같은 걸 쥐어주시고 유심히 보는 거예요. 그 선생님 하시는 모양새가 좀 신뢰가 생기더라고요. 한참 동안 아이를 보시고 저한테 질문을 이것저것 많이 하시더니, 자폐라고 결론 내리는 거예요. 그날 충격이……"

청천벽력 같았다. 장애 가능성이 있다고 짐작했지만 막상 장애 판정 결과가 나오니 쉽게 받아들여지지 않았다. 양은영 씨는 그때 죽을 생각까지 했다.

"그때는 애를 데리고 죽어야겠구나…… 내 삶이 되니까 받아들여지지가 않고, 어떻게 해야 되는 건지도 모르겠고. 그래서 그냥 막연하게 죽고 싶다가 아니라 구체적으로 어떻게 하면 죽을 수 있을까 막 생각하고……"

그러던 양은영 씨는 얼마 지나지 않아 털고 일어나 아이를 위해 적극적으로 움직이기 시작했다. 양은영 씨는 본래 내성적이고 낯가림 심한 편이었지만 서진이의 장애를 마주한 후로는 "생존 본능처럼 성격마저 저돌적으로 바뀌었다"라고 말한다. 스스로 바뀌지 않고 뭔가를 감행한다는 건 불가능했기 때문이다. 아무런 전망이 보이지 않았다. 고작 두 살인 서진이는 그때 막 장애 판정을 받았고, 위의 서진이 누나는 이제 막 서너 살이었을 때니까. 아이의 장애를 내가 감당할 수 있는가 아닌가, 장애가 있는 이 아이를 내가 잘 키울 수 있을까 없을까 하는 의문 따위는 '양육의 책임자'인 엄마에게는 허용되지 않았다.

"곧바로 언어치료, 작업치료를 해야겠다는 생각이 들더라고요. 치료를 받으려면 광주까지 가야 하는데 제 욕심에 일주일에 두 번은 가고 싶었어요. 그런데 의사 선생님이 말리시더라고요. 하루 이틀 해서 끝날 게 아니니 그렇게 못한다고. 의사 선생님이 언어치료 선생님을 소개해주셨는데, 그 선생님하고 거의 6년 정도를 같이 했어요. 나중에 친해지고 나서 언젠가 언어치료 선생님이 그러시더라고요. '어머니, 그때는 진짜 사람 얼굴이 아니었어요.'"

　나을 수 있을지 모르니까. 설령 낫지는 못해도 조금이라도 장애
를 넘어설 길이 보일 수도 있으니까. 엄마가 양육을 잘하면 아이가
발달한다고 책에 써 있으니까. 믿거나 말거나 선택의 여지가 없는
그이는 내달렸다. 아이를 위해서 '완벽한 엄마'까지는 아니어도
'엄마 노릇'은 그런 거라고 알아왔으니까.

죄책감은 엄마의 몫으로 남겨졌다

전향숙

"엄마…… 때문인가요?"

올해 열한 살이 된 발달장애 아들 호성이를 키우고 있는 마흔다섯 살 전향숙 씨. 뇌수술을 받았던 호성이에게 좋은 환경을 제공하려고 옥천으로 이주해 살고 있는 전향숙 씨는 장애인부모단체를 만들어 열심히 활동을 펼치고 있다. 활동을 시작한 것은 아들 때문이었지만, 사실 그이의 삶에 장애는 30여 년 전부터 이미 익숙한 것이었다.

"친정엄마가 제가 고등학교 올라갈 때 뇌출혈로 쓰러져 반신불수가 되면서 3급 장애 판정을 받았지요. 그래서 그런지 장애가 낯설지는 않았어요. 당시만 해도 장애에 대한 인식이 있었다기보다는 그냥 우리 엄마고, 엄마가 장애인이라는 것보다 살았다는 사실이 중요했던 거죠."

아이러니하게도 엄마의 장애는 자식들의 삶에 긍정적인 영향을 미쳤다. 전향숙 씨의 언니는 엄마가 조금이라도 나아졌으면 하는 마음으로 노인 치매 웃음치료, 미술치료를 배웠고, 늦은 나이에 전문 강사로까지 성장했다. 전향숙 씨 본인은 엄마를 보면서 이웃에 대한 봉사의 마음을 키웠다. 여상 졸업 후 바로 직장생활을 시작한 그는 장애인 시설에 미용 봉사활동을 다녔고, 사내 여직원 회장이 된 이후에는 바자회 같은 행사를 개최하며 더 조직적으로 이웃과 함께하려 애썼다. 그렇게 그이의 삶에 깊숙이 자리하고 있던 장애였건만 자식의 장애는 무게가 달랐다. 부모의 장애는 돌아가시는 날까지 최선을 다하자는 마음이었다면, 아이의 장애는 온 미래가 산산이 부서진 느낌이었다. 숨을 쉴 수 없는 고통에 하루에도 열두 번씩 죽음을 상상했을 만큼 두렵기도 했다.

"우리 호성이 같은 경우는 내가 출산한 이후에 발견이 되었고, 어린애니까 그 데미지가 부모가 장애였을 때하고 자식이 장애였을 때는 또 다르더라고요. 우리 친정엄마 경우는 누워 계신지 30년 되었지만, 중도장애고 의사소통도 되니 가족이 파괴된다는 느낌은 아니었지요. 그런데 우리 호성이는 신체는 자유로운데, 이리 와라 하면 오지 않고 마음대로 되지 않으니. 그때 호성이 임신했을 당시가 많이 생각나더라고요. 쟤가 내 뱃속에 있을 때 뭐 잘못한 게 있나······."

아이의 장애를 알게 되었을 때, 대부분의 장애아를 둔 엄마들은 혹시 자기 탓이 아닐까 검열하기 시작한다. 전향숙 씨는 결혼 후 남편과 함께 일본을 거쳐 미국으로 건너갔고 그곳에서 호성이를 출산했다. 당시 전향숙 씨 부부는 영주권을 받기 전이라 한국에서 시부모님이 보내주는 돈으로 생계를 이어가고 있었다. 그러다보니 호성이를 임신했을 때 마음 편히 지내지 못했다.

"남편은 음향기기를 공부하던 사람이었는데 결혼식을 올리곤 일본으로 유학을 갔어요. 졸업하고 일본인 회사에 다녔는데 승진도 안 되고, 귀화를 하지 않아서 불이익을 받는 거예요. 일본 생활에 한계를 느꼈지만, 우리가 미국을 가게 된 진짜 이유에는 아버님의 권유가 제일 컸어요. 당시 제가 임신을 했는데 일본에서 아이를 낳아도 외국인으로 사는 한 어떤 복지 혜택도 없고, 그럴 바엔 미국으로 가는 게 어떻겠냐고. 미국은 이민사회고 영주권이나 시민권 받게 되면 아이 교육에도 좋으니까 미국으로 가는 걸 설득하셨죠."

미국으로 옮겼을 당시 전향숙 씨는 임신 5개월이었다. 주변 사람들에게 '내놓기 부끄럽지 않은 자식'을 두길 바랐던 시부모님들은 후원을 약속하시며 전향숙 씨 내외에게 미국행을 채근했다. 그러나 막상 미국으로 거처를 옮긴 후에 시아버지한테서 늘상 날아드는 건 돈이 아니라 잔소리였다.

"시부모님이 경제적 원조를 해주신다고 확답하셔서 갔거든요. 근데 막상 가고 나서는 아닌 거예요. 학비 내야 하지, 영주권 내면서 변호사 비용도 막 들어가지. 그런데 매달 생활비 보내주시는 거로는 한 달 동안 저희에게 필요한 비용의 거의 반밖에 충당이 안 되었어요. 아버님이 돈을 보내주시면 꼭 저한테 전화를 하세요. 아껴 써라, 돈 보냈다."

경제적으로 쪼들리다보니 전향숙 씨는 호성이를 임신했을 때 산부인과를 가서 아이 심장소리 한 번 딱 체크해본 게 전부였다. 유학생 신분이라 보험도 되지 않으니 피검사만 한 번 해도 30만 원이 나왔다. 그러니 한국 같으면 흔하게 하는 초음파 검사 따위는 엄두도 내지 못했다. 검사한다고 해서 크게 달라지는 건 없었겠지만, 작은 것 하나하나라도 되돌려 생각해가며 자책하게 되는 것은 어쩔 수가 없었다.

"애 아빠는 학생비자로 들어갔으니 비자를 유지하려면 밤에는 학교를 다녀야 하고, 또 영주권을 받아야 하니 낮에는 회사를 다녀야 했어요. 미국은 차 없이는 다닐 수 없는데 저희 집에는 차가 한 대밖에 없으니까 남편이 바쁘게 다녀야 해서 타고 나가면 저는 나가지를 못하고 집에만 있어야 했어요. 돈이 없으니 먹고 싶은 게 있어도 꾹꾹 참았어요.

어느 날은 막국수가 먹고 싶은데 그걸 먹으려면 한인식당에 가야 해요. 한국에선 만 원이면 먹는데 거긴 삼만 원 이상이고, 거기에 팁까지 줘야 해요. 게다가 오고 가는 데 두 시간이 족히 걸리지. 그럼 그냥 포기를 해요. 저희가 살던 집은 조리하기 힘든 구조이고, 내가 입덧까지 하니 음식을 해먹기도 여의치 않았어요. 이래저래 상황이 그렇다보니 먹고 싶은 게 있어도 많이 참았어요. 상황이 그러니까. 호성이 뱃속에 있을 때 제일 많이 먹었던 게 햄버거 같은 것들……

태교도 거의 못했어요. 아기 가지면 임산부들이 여러 가지 태교를 하잖아요. 근데 저는 영주권 수속 진행하는 거, 애 아빠 학교 문제, 돈 문제로 열 달 동안 애한테 좋은 환경을 하나도 못 줬어요. 뱃속에 있을 때 비행기를 몇 번이나 탔는데 그런 것도 내 잘못인 거같고, 낯선 미국까지 가서 말도 안 통하는 병원에서 낳아야 하니 문화적인 충격도 있었던 것 같고요.

미국은 아기 낳는 비용이 너무 비싸요. 너무 비싸다보니 최대한 비용을 줄여볼 생각에 자연분만을 고집했어요. 그런데 제가 산모치고는 고령에 속하다보니 난산이었던 거죠. 자연분만이 안 돼서 촉진제를 놓고, 그래도 안 돼서 아이가 뱃속에 있는 상태에서 펌프하고, 집게까지 세 번을 시도했어요. 그때 돈이 좀 들더라도 제왕절개를 해야 할 상황이었으면 할 것을 괜한 고집을 부렸나 싶고…… 그것 때문에 애가 나오면서 충격을 받았나도 싶고. 요즘에도 간간이 이 생각이 나면 마음에 걸리는 거죠."

아이의 발달을 도모하는 엄마의 역할은 임신 전부터 강조되고,

임신과 출산 시기에는 절정을 이룬다. 태교의 중요성을 자연스레 습득해왔기에 전향숙 씨는 그때를 생각하면 별의별 것들이 다 가슴에 꽂힌다.

"이제라도 좋은 환경을 주고 싶어요"

아이 낳고 3년을 미국에서 생활했다. 그 시간 동안 전향숙 씨 자신의 스트레스도 많았지만, 무엇보다 아이가 계속 잠을 못 자고 아파하는 게 가장 힘들었다. 엄마인 전향숙 씨는 그걸 느끼고 주변에 말했지만 다들 그럴 수 있다고만 했다. 아무도 동감해주지 않으니 자신이 스트레스가 많아서 산후우울증을 겪는 거라 생각하며 참고 넘기며 3년을 지냈는데, 그게 아니었다. 아무래도 아이의 상태가 미심쩍어 한국에 나오게 되었다.

"애가 저한테 보내는 신호가 있잖아요. 말로 표현할 수 없지만 아이가 이상했어요. 잠도 잘 안 자고 뭔가 하는 것도 늦고. 그래서 제가 계속 미국에서 생활하기 힘들 것 같아서 한국에 귀국하겠다고 했어요. 그런데 공교롭게도 저희 미국에 있을 때 시동생이 결혼을 했어요. 둘째 며느리는 부유한 환경에서 자란 외동딸이니 그 수준에 맞춘다고 시댁에서 온갖 것을 해주었어요. 고급 웨딩홀에서 결혼식도 하고 신혼여행도 유럽으로 다녀오고, 아이도 유명인들이나 이용한다는 산후조리원에서 낳고. 제가 그런 차별에 대해 뭐라 하지도 않았는데, 시댁에서는 제가 시동생네를 시샘한다고 생각하셨나 봐요. 그래서 제가 한국에 돌아오니까 '다들 미국 못 나가 난린데 너는 나오면 영주권은 어떡할 거냐' 하시며 다 제 탓만 하셨어요."

견디다 못해 전향숙 씨 먼저 아들 호성이를 데리고 한국의 시댁으로 왔지만 시부모님들은 엄마가 애를 못 키워서 그런 거라며 타박만 했다. 섭섭한 마음을 뒤로하고, 한국에 오자마자 아이를 데리고 병원을 전전했지만 의사들도 아이의 병을 찾아내지 못했다. 그래서 전향숙 씨는 답답한 마음에 스스로 아이 병을 찾아내자고 마음먹고 여러 가지 자료와 정보를 찾아보았다. 내가 낳은 아이니 책임을 져야 하고, 공부를 해서 아이에게 직접 도움을 줘야겠다고 생각한 것이다. 1년 가까이 계속 병에 대해서 알아보면 알아볼수록 아이가 경기를 하는 것도 그렇고 행동이 예사롭게 보이지 않았다. 그래서 아이의 행동을 모두 동영상으로 찍어서 병원에 가져가기도 했다.

"우리 아들 35개월 때 뇌종양 수술을 했어요. 한국에 와서 병원에 가니 의사가 병을 아는 게 아니고 기계가 의사더군요. 결국 MRI를 찍어보니 뇌종양이 있다고 나왔어요. 사실 미국에서도 알아낼 수 있었던 건데, 검사 비용이 터무니없이 비싸니까 경제적으로 엄두를 못 냈던 거죠. 악성종양은 아니었는데, 종양을 떼기 전까지 조직검사를 해봤어도 무슨 종양인지를 모르니까 예후가 가늠이 안 되었던 거죠. 어휴, 아이 키우다보면 엄마가 반의사가 되요. 예후라는 말까지 다 쓰고."

삼성병원에서 수술을 하고 나니 그때서야 시부모님도 누그러지셨다. 그렇게 전향숙 씨에게 마음의 빗장을 푸셨지만 시아버지는 미국 영주권을 포기한 것에 대한 미련은 버리지 못하셨다. 아들을 외국에서 공부시켰는데 그런 아들이 돌아와서 아이에게만 매달려 있는 것도 못마땅해 하셨다. 그래서 부부는 시댁을 나와서 전향숙 씨 친정 근처 대전으로 이주하기로 결심했다.

"호성이 종양은 사이즈도 컸고, 주변에 여러 가지가 많이 들러붙어 있었어요. 뇌종양 수술을 해도 평범한 사람들도 많지만 종양은 부위가 중요하더라고요. 저희 애는 소뇌 측두엽 쪽에 붙어가지고 감각적인 부분이 손상이 되는 거였어요. 그래서 다 떼어내지 못했어요. 호성이가 간질 증세가 있었는데, 병원에서는 이것이 떼어내지 못한 종양에서 나오는 것 같대요. 그래서 다시 한 번 수술을 하자는데, 저희는 다시 열었을 때 뇌손상에 의해서 만약에 다른 장애가 더 오게 되면 감당이 안 될 것 같았어요. 우리 애 발달을 보니까 수술 전에도 보통 아이들과는 다르다는 게 느껴졌는데, 수술 후에는 더 인지가 떨어진다는 걸 감지했거든요. 대신 이것도 암이니 혹시 환경을 바꿔주면 좀 달라지지 않을까 하는 희망을 가지고 저희가 여기 시골로 내려오게 된 거죠."

2년을 대전에 살다가, 2011년에 옥천으로 옮겼다. 시부모님은 대전도 부족해서 이제 아예 시골까지 내려가냐며 화를 내셨다. 하지만 그이가 이런 선택을 한 데에는 이유가 있었다. 대전에 살면서 호성이가 조금 안정되는 게 느껴졌기 때문이다. 그래서 종양이 재발할 수도 있으니 조금이라도 더 깨끗한 환경에서 살게 해줘야겠다고 마음을 먹게 된 계기가 됐다.

전향숙 씨가 옥천행을 선택한 또 하나의 이유가 있다. 미국에 살며 호성이를 낳고 키울 때 좋은 환경을 주지 못했던 게 아이가 장애를 갖게 하는 데 영향을 준 게 아닌가 하는 죄책감이 아직도 마음 한켠에 남아서다.

여성이 육아를 담당하는 게 당연시되는 사회에서 아이에게 장애가 있을 경우 사람들은 대개 그 책임을 엄마에게 돌린다. 지적장애와 자폐성장애를 아우르는 발달장애의 경우에는 양육자인 엄마의 책임이라는 인식이 특히 강하다. 자폐성장애가 생기는 이유가 모성이 부족한 '냉장고 엄마' 때문이라는 학설이 존재했던 시절도 있었다. 비록 지금은 이 학설이 유효하지 않지만, 여전히 자폐성장애가 아이와 엄마의 애착관계에서 온다는 인식이 남아 있다. 지적장애의 경우에도 엄마가 현명하게 육아를 하고 조기에 발견했다면 장애를 막지는 못해도 조금은 나아질 수 있다는 신화가 존재하기 때문에 어머니들은 더욱 자기 비난에서 헤어나오기 어렵다. 그렇게 여성에게 전가된 양육의 책임 앞에서 죄책감은 엄마들의 서

사가 되었다.

장애 자녀를 둔 엄마들은 모성에 대한 비난과 죄책감으로 토끼몰이 하는 사회에 적극적으로 대항하기보다, 자신의 힘겨운 상황을 '좋은 어머니'에 대비되는 '나쁜 어머니'로 평가하며 스스로를 비난한다. 전향숙 씨 역시 이런 모성 비난에서 자유롭지 못했다. 호성이를 임신하고 출산하는 동안 힘겹게 지낸 것은 사실이지만, 그것들이 아이가 장애를 갖게 된 직접적인 원인이라 할 수 없었다. 하지만 임신 자체가 자신의 몸에서 일어나는 일이니 아무리 상황이 어려웠다 해도 좀 더 조심했어야지 하는 비난을 스스로에게 하지 않을 수 없었다.

그이가 자책하며 힘겨운 싸움을 하는 동안 '네 탓'이 아니라고 편이 되어준 사람이 있었다면 어땠을까. '아이가 장애를 갖게 된 것은 엄마 탓이 아니라고. 그냥 일어날 수 있는 일이고, 당신이 조심하지 않아서 일어나는 일도 아니고, 누구한테든지 일어날 수 있는 일이라고.'

문화가 사람을 만드는 것이 아니다. 사람이 문화를 만드는 것이다. 자녀의 장애를 마주한 엄마들이 자책의 늪에서 조금은 헤어날 수 있도록 '완벽한 모성'은 실재하지 않는다는 사실을 인정하는 문화를 우리가 함께 만들어가면 어떨까.

이야기 셋,

장애를 마주하다

이념

고군분투, 발달장애 엄마의 10년

"저희 아이는 고등학교 1학년인데 학습이 현저히 떨어지는 지적 장애를 가지고 있어요. 경기를 해서 뇌손상을 입은 케이스지요. 저희 아이 같은 경우는 일상생활 능력은 다른 지적장애인들보다 좋은 편이고, 친구들과의 관계도 잘되는 편인데 학습이 안 되는 거죠."

서울 서초동에 살고 있는 이념 씨가 딸 미선에 대해 담담하게 입을 열었다.

"대개의 사람들은 지적장애 하면 그냥 딱 '지적으로 많이 떨어지는 아이'라고 하는데, 그렇게 간단하게 생각하는 것과 달라요.

저희 아이는 한글과 수학을 10년이 넘게 계속 반복해 가르쳐왔는데 아직도 잘 못해요. 처음에는 왜 학습이 안 되는지 모르고 학교에서는 엄마가 아이에게 무관심해서 아이 학습을 제대로 안 시켰다고 선입견을 가지셨나 봐요. 나중에 우리 아이를 지켜보시고는 '아, 어머니가 정말 힘드셨겠어요'라고 하더라고요.

미선이가 학습이 안 되는 것에 대해 알아보니, 저희 아이는 보이는 상像하고 머릿속에 정보처리가 돼서 맺히는 상이 다른 거였어요. 맺히는 상이 다르기 때문에 아이가 변별하기 힘들다고 이야기를 하더라고요."

미선이는 건강하게 잘 태어났다. 보통 아이들과 비슷한 때에 옹알이도 했고, 앉고 서는 것도 다 빨랐다. 다만 걷는 것이 늦었다. 아이들이 보통 돌 무렵을 전후로 걸음을 떼는 데 비해 미선이는 15개월이 되도록 걷지 못했다. 병원에 갔더니 늦긴 해도 정상 범주를 넘는 건 아니라고 했는데, 다행히 18개월쯤 걷기 시작했다. 그래서 아이에게 장애가 있을 거라고는 생각지 못했다.

"그때부터 잘 걷고, 자기에게 필요한 간단한 말은 했지요. 그때 저희가 시아버님을 모시고 있었는데 너무 아이를 예뻐해주셨어요. 그래서인지 아이가 크게 단어를 쓸 일이 별로 없었어요. 이거 이거 하면 할아버지가 다 해주시니까 단순한 말만 했어도 별로 걱정을 안 했어요. 말이 좀 늦은가보다 하고.

그러다 네 살쯤 되었는데도 언어발달이 늦길래 다시 병원에 갔어요. 검사를 했더니 보통 아이들은 머릿속에 많은 지식들이 있지만 그것이 입 밖으로 나오지 못해서 문제인데, 저희 아이는 거꾸로 머릿속에 지식이 차 있지 않아서 나오지 않는다는 거예요. 이미 그때 인지적으로 문제가 보인다고 하더라고요."

사실 이넘 씨는 병원에 가기 전부터 아이의 장애를 조금씩 감지하고 있었다. 아이와 함께 놀이터에 나가면 또래 아이들은 행동이나 관계 맺기가 야무진데 비해 자신의 딸은 조금 늦는 게 아니라 아주 확연히 늦는 게 느껴졌기 때문이었다. 비록 그 사실을 마음속으로 받아들이기는 쉽지 않았지만 아이가 장애가 있을 수 있다는 생각을 거둘 수 없었다.

"우리 애가 조금 늦는다 생각했던 게 아니라, 우리 애가 다른 애들보다 많이 늦는다 생각했어요. 그런데 아빠 같은 경우는 못 받아들이더라고요. 미선이는 겉모습이 되게 멀쩡해 보여요. 그리고 일상생활이 잘되는 편이다보니까. 시부모님들도 옆에서 예전에는 더 늦는 아이도 많았다며 요즘에는 엄마들이 유별나다 그러시더라고요."

과민한 엄마 취급을 당했지만 이넘 씨는 미선이의 손을 잡고 인지치료, 놀이치료를 다니기 시작했다. 미선이 서너 살 무렵만 해도 발달장애아 엄마들은 초기에 치료를 열심히 하면 아이가 사회에 나가서 적어도 초등학교 5~6학년 수준의 일반 생활은 가능하지 않겠냐는 희망을 품었다. 그래서 이넘 씨뿐만 아니라 모든 엄마들이 자기 능력보다 더 과하게 아이에게 투자를 했다. 특히 저학년일 때는 더욱더 그랬다. 그이도 그때는 언어치료, 인지치료, 심리치료, 미술치료 등 별의별 거를 다 했다.

"수업을 하고 나면 상담을 해요. 늘 상담을 하면 선생님이 '어제는 이만 이만했는데 오늘은 어제보다 조금 좋아졌어요' 그래요. 거기에다가 '어머니 이쪽 부분을 조금 더 검사해보시면 어때요? 제가 볼 때는 이런 치료를 하면 좋을 것 같아요' 엄마 마음은 확인해보고 싶은 거예요. 그런데 치료실이라는 게 등급을 받지 않고 다니면 치료비가 꽤 비싸더라고요. 그래서 애 아빠는 800~900만 원을 써가며 1년을 다녔는데 애가 나아진 게 하나도 없다고 그러는 거예요. 이것저것 하고 다니니 시부모님도 '너는 나갔다 오면 아이를 아픈 아이로 만들어온다'고, 그때는 조금 심한 말로 아이를 병신을 만들어오는 것 같다고……"

말을 잇던 이녕 씨의 목소리가 갑자기 가라앉고 눈에는 눈물이 그렁그렁 고였다.

"사실 우리 아이 장애의 경우는 이미 태어날 때부터 있었던 거예요. 미선이는 태어나면서부터 잠자는 게 조금 예민했어요. 걱정을 하면 시부모님들은 토끼잠을 자는 거다, 밤낮이 바뀌어서 그런 거다, 조금 지나면 나아질 거라고만 했어요. 그런데 아이가 4학년 때 경기를 하는 것을 보니까 이미 태어날 때부터 있었던 거더라고요. 육안으로 포착되는 양상이 아니다보니 경기가 있는 줄 몰랐고 예민해서 그런 거라고만 여겼던 거죠. 그러다 아이가 장애가 있다고 하니 시어른들이 '우리 집에는 이런 아이가 없는데 너희 집에서 찾아봐라' 그러시는데…… 말로는 표현하기가…… 정말 힘들었어요. 화도 났고요. 그런데 거기에다 대고 '우리 집에도 이런 사람 없어요'라고 하긴 힘들었어요. 그런 말 하기 이전에 저 역시 제 뱃속으로 낳았다는 것만으로도 감당하기 힘들었거든요."

대부분의 장애아 엄마들은 이념 씨 시부모님 같은 반응을 듣는다. 집안 내력을 탓하거나, 그것도 아니면 엄마인 그이들의 산전산후, 양육의 태도를 문제 삼아 엄마의 책임을 따져 묻거나. 그러나 발달장애아 엄마는 이런 말을 듣기 전부터 스스로 자책한다. 자기 뱃속으로 아이를 낳았다는 그 자체만으로도 자책을 하는 것이다. 이념 씨도 아이가 장애가 있는 게 기본적으로 50프로는 자신 탓이라 여기며 자책했다.

"시부모님을 모시고 살았거든요. 그러다보니 미선이 어릴 때 제가 정말 할 일이 너무 많았어요. 아이한테 미안했던 게, 그때 아이랑 많이 못 놀아줘서 애가 늦되나, 내가 동화책을 많이 못 읽어줘서 말이 늦되나.

네 살 때 놀이치료를 갔는데, 선생님이 아이에게 갖고 싶은 장난감을 가지고 놀라고 했는데 아이가 가만히 서서 이거 만져도 되냐고 묻는 거예요. 아이가 너무 위축돼 있었던 거죠. 저희 시부모님이 굉장히 깔끔하세요. 어질러지는 걸 싫어하시다보니 제가 아이

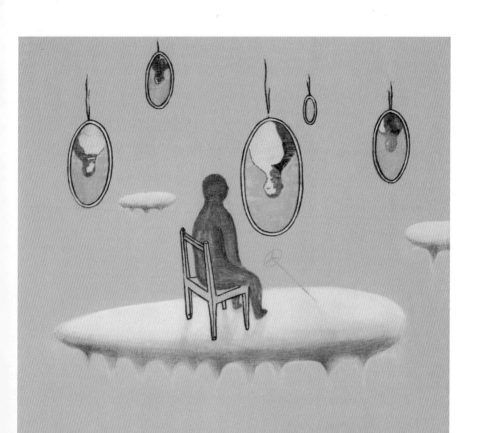

2016. 01 박 04

장난감을 많이 사주지 않았어요. 가지고 놀더라도 아버님 들어오실 때는 얼른 치우게 했는데, 제 그런 행동이 다 마음에 걸리는 거죠."

자책감에 휩싸여 있던 이녕 씨는 미선이와 34개월 터울의 동생을 낳아 키워보니 그때서야 알게 되었다. 엄마가 집안일을 한다고 바빠서 아이에게 신경을 많이 못 썼지만 아이의 발달이 늦은 것은 결국 장애가 있었기 때문이라는 것을.

시부모님이 그냥 두어도 아이 때문에 힘들어하는 며느리에게 '네 탓'이라 원망했을 때는 억울한 마음에 장애가 생긴 원인을 찾고 싶기도 했지만 지금 와서 그게 뭐가 중요한가 싶기도 했다. 자신에게 가해지는 비난에 분개해봐야 마음만 상하고 아이 치료에 쏟을 에너지만 분산될 뿐이라 생각하여 그이는 아이에게만 정성을 쏟았다. 그러다 뒤늦게 원인이 시댁 쪽 가족력일 가능성이 있다는 걸 알게 되었다.

"늘 시어른들에게 너희 집에서 찾아보란 이야기를 듣다가, 아이 5학년 때 병원에서 이게 가족력은 아니지만 영향을 받을 수 있다는 이야기를 들었어요. 사실상 우리 아이 경기가 시댁 쪽에서 영향을 받는 것은 확실해요. 시댁 쪽에 심하진 않으셨지만 경기하는 분이 계셨어요. 그분은 약물로 조절하다가 이제는 그것도 다 끊고 일상생활이 가능한데, 저희 아이는 조금 더 심한 케이스인 거죠. 사실 누구 탓이 필요했던 것은 아닌데 하도 저희 집 탓을 하는 말을 들다보니, '우리 피에서 온 질병은 아니구나' 하는 생각에 죄책감이 조금은 가벼워지더라고요."

시댁의 가족력을 알고 나서 딱히 그걸 가지고 따져 묻지는 않았지만, 통쾌한 한 방을 날린 듯 이념 씨의 쓰렸던 마음이 풀렸다. 그리고 멍에처럼 짊어진 죄책감도 조금 내려가는 느낌이었다.

직면하기, 수용하기, 그리고 넘어서기

"애 아빠는 둘째가 장애가 없다보니, 미선이가 장애 때문에 저런 행동을 한다고 생각하지 않고 그냥 먼저 짜증을 냈던 것 같아요. 저희 애가 외관상으로 봤을 때는 장애가 있어 보이지도 않고 '멀쩡해' 보이니 더욱 그랬던 것 같아요. 그러다 수술을 거치면서 아이가 힘들어하는 걸 보니까 그때서야 손도 잡아주고 그러더라고요."

이념 씨가 미선이가 네 살이었을 때부터 장애가 있음을 인지한 반면, 남편과 시부모님들은 미선이가 4학년 때 경기를 하자 장애를 인지했다. 하지만 시부모님에게는 장애를 인지하는 것과 장애 등급을 받는 것은 다른 차원이었다. 이념 씨가 미선이 장애 등급을 받겠다고 했을 때, 시부모님은 강경하게 반대했다.

"신체 멀쩡한데 굳이 장애 등급을 왜 받냐고. 그러다가 장애인으로 낙인찍히면 어떻게 하냐고 하셨지요. 그래서 제가 장애 등급도 유지되는 게 아니라 갱신해야 한다고. 지금 장애인 등급을 받으면 받는 혜택이 많고, 나중에 나아지면 그때 장애 등급 안 받으면 된다고. 제가 이런 이야기를 웃으면서 말씀드리고 장애 등급을 받았어요."

그이가 그렇게 남들이 꺼림칙하게 여기는 장애 등급을 받은 건 장애 등급이 자신의 아이에게는 울타리가 돼주는 거라 생각해서였다.

"야, 쟤 왜 그래? 바보 아니야? 그렇게 말했을 때 얘는 장애가 있어서 그런 거라고 말을 해줄 수 있으니까. 장애가 있다고 하면 사람들이 조금은 이해를 해주고, 보호해줘야 하는 아이구나 생각할 것 같았어요. 저희 아이는 정말 외관상으로는 멀쩡하거든요."

발달장애인의 경우 겉으로는 '멀쩡해' 보여서 사람들은 종종 이들의 튀는 행동에 이상한 눈초리를 보낸다. 혹은 남들의 시선을 의식해서 자기 아이에게 자꾸 주의를 주는 엄마의 행동을 수상하게 여긴다. 이념 씨도 미선이와 지내며 그런 오해를 종종 받았다. 한번은 아이가 자전거를 배우다 이곳저곳을 다쳤는데, 상처로 멍든 아이와 자신의 얼굴을 사람들이 번갈아 자꾸 쳐다보았다. 나중에 알고 보니 아이가 아동학대를 당한 줄 알고 의심의 눈초리를 보낸 것이었다. 이념 씨가 인터뷰 내내 여러 번 아이가 '멀쩡해 보인다'고 말했던 맥락은 자신이 미선이의 장애를 받아들이지 못했기 때문이 아니다. 아이의 장애를 직면하고 있는 엄마에게 사람들이 보내는 이상한 시선을 설명하기 위한 표현의 일종이었던 것이다.

이넘 씨가 미선이의 장애를 마주하고 힘들었을 때 곁에서 힘이 되어준 한 사람이 있었다.

"저희 아이 키우면서 가장 큰 힘이 됐던 게 저희 친정아버지세요. 왜 결혼을 하고 나면 친정아버지랑 할 이야기가 없잖아요. 그런데 저희 아버지는 아이 장애를 알고 난 후 일주일에 몇 번씩 거의 10년이 넘게 한결같이 전화를 하셨어요.

아이하고 전화 통화를 하고 나면, 저를 바꿔서 어제는 미선이가 '아'라고 이야기했는데 내일은 '어'라고 얘기할 거야, 어제는 '할아버지' 했으니 내일은 더 많은 이야기를 해줄 거야, 이런 말씀을 몇 년간 해주셨어요. 정말 애가 하나도 안 좋아졌는데도…… 1년이 지나도 하나도 좋아진 게 없다고 하는 사람이 곁에 있는데, 반대로 거의 매일 10년 넘게 전화해서 좋아지고 있다고 말해주는 사람이 있으니.

저희 아이가 친구한테 뭘 나눠주는 걸 좋아했어요. 그래서 친정아버지가 과자를 라면박스 가득 담아 보내주세요. 그거는 아무도 손대지 마, 미선이 거니까 미선이가 주고 싶은 사람 누굴 주건, 몇 개를 주건 아무 말 하지 말라고. 네 딸이 그걸 좋아하면 하게 해줘야 한다고 그러시면서……"

친정아버지가 매일같이 내일은 좋아질 거라고 해준 말들이 이넘 씨 가슴에 살포시 스며들어 하루하루를 살아갈 힘이 되어주었다. 그리고 또 한 명의 힘을 준 사람은 아이러니하게도 미선이었다.

"미선이는 강단이 있는 편이고, 굉장히 독립적이에요. 학교 다니는 것도 좋아하고, 혼자서 학교도 잘 가요. 언젠가 저희 앞에 아이들이 삼삼오오 걸어가기에 미선이에게 물어봤어요. 제가 아이에게 '다른 아이들 저렇게 다니는 거 보면 부럽지 않아' 그러면, '내 친구들은 바빠요. 나랑 시간 안 맞아' 그렇게 가볍게 넘겨요. 한번은 그게 마음에 걸려서 엄마가 친구해줄 테니 같이 가자고 했더니, 저희 아이가 그래요. '엄마가 왜 친구야. 엄마는 엄마지……'"

이넘 씨는 목이 메는지 잠시 말을 멈췄다. 이상하게 힘들게 했던 사람에 대해 이야기할 때는 오기가 생겨서 그런지 괜찮은데, 아이에게 잘해준 사람이나 미선이의 이런 단단한 행동을 떠올리면 아직도 울컥해지는 마음을 어쩔 수 없다. 가끔은 아이가 강한 게 아니라 지적으로 좀 떨어져서 그러는 건 아닌가 걱정도 했지만, 미선이가 커갈수록 더 단단해진 것은 사실이었다. 그런 딸을 위해 엄마도 더 단단해지기로 마음먹었다.

"며칠 전에 학교 축제를 했어요. 미선이네 반 아이들은 거의 다 치료실을 다니는데, 미선이 학교가 치료실과 거리가 멀어서 제가 늘 치료실에 데려다주러 학교에 가거든요. 보통 때는 학교 끝나고 아이들이 각자 언어치료, 인지치료를 받으러 가느라 함께 여유 있게 보내지를 못하는데, 그날은 축제라서 시간이 많으니까 얘가 친구들하고 학교 주변에서 간식을 사 먹고 있더라고요. 제가 그 모습을 뒤에서 따라다니며 봤어요. 자기네들끼리 뭐가 그리 신나는지 이야기를 하며 가는데, 그 모습이 너무 행복해 보이는 거예요. 그걸 보고 있는데 저도 너무 행복한 거예요. 그날 제가 더 만족했던 것 같아요."

이날의 경험은 이념 씨를 한 단계 더 단단하게 해준 계기가 되었다. 그러면서 어쩌면 그때까지 자신을 힘들게 했던 건 미선이에 대한 근심과 걱정을 놓지 못한 자신이 아니었을까 하는 생각이 들었다. 동시에 미선이 나름의 삶과 희로애락이 있을 텐데 그걸 자신이 인정하지 않았던 건 아닌지 반성하게 됐다.

"제가 부산에서 서울로 시집을 왔어요. 지역적으로 멀다보니 친구들을 만나기 쉽지 않았어요. 친구들을 만나게 돼도 굉장히 친했던 친구 말고는 아이에게 장애가 있다는 얘기를 잘 안 했어요. 표현이 좀 그렇지만, 나보다 잘나가지 못했던 친구들도 아이 나서 잘 살고 있는데 내 아이는 장애가 있다는 것이 자격지심이 생기기도 하고, 혹시 내가 초라한 모습으로 비치지 않을까 하는 생각이 들기도 해서요. 그런데 이번에 초등학교 동창모임이 있었는데, 저는 한 번도 못 나갔거든요. 이번에 그 친구들에게 제가 아이가 장애가 있어서 못 간다고 이야기했어요."

산에 오르며 내려오는 사람에게 '얼마나 남았어요'라고 물을 때

'두 시간 남았어요' 하면 포기하고 싶어진다. 하지만 '조금만 더 가면 돼요'라고 하면 힘들어도 계속 가볼 마음이 생긴다. 이넘 씨 역시 미선이와 보낸 17년의 시간을 정상이 얼마 남았나 묻기보다는, 조금만 가면 된다는 마음으로 한 발 한 발 산을 오르듯 여기까지 왔다.

"되돌아보니 이런 상황도 겪고 저런 상황도 겪었더라고요. 그렇게 굉장히 많은 시간을 지나오니, 아이에 대한 죄책감을 갖는 것보다 현재를 살아내는 것이 최선이라는 것을 깨달았어요. 지금 최선을 다하고 있으니까, 후회되는 일이 그렇게 많진 않아요.

아이의 병을 조금 더 빨리 발견했더라면 인지적으로 조금 더 좋았겠지 하는 생각이 들기도 하다가, 얘는 초등학교 때부터 인지가 잘 안 됐으니 고질적인 질병이었다고 생각하면 '내가 빨리 알아채지 못해서 아이가 한글을 모르는 게 아니야' 하고 내려놓을 수 있을 것 같아요."

그이처럼, 다른 발달장애아 엄마들도 오랫동안 지고 있던 죄책감의 등짐을 내려놓고, 등짝 가득 햇살 받으며 당당히 아이의 손을 잡고 가벼워진 발걸음을 옮길 수 있기를.

2

가족의 방, 엄마의 자리

장애인 가족의 빛깔을 좇다

명숙 씀

이야기 하나,

내가 없었구나

이신향 씨를 논산에 있는 그녀의 집에서 만났다. 오전에는 컴퓨터 활용 강좌을 배우고 있고 4시쯤에는 아이들이 학교에서 돌아오니 인터뷰는 점심쯤이 좋다고 했다. 직업군인인 남편이 논산으로 발령 나서 이사 온 지 3년이 됐다.

인터뷰를 하기 전 집을 둘러봤다. 집이 깨끗하다고 했더니 "청소도 안 했는데…… 물건이 없어서 그럴 거예요" 겸손하게 말했다. 방은 세 개, 안방으로 보이는 곳에 들어가니 이신향 씨의 결혼사진이 걸려 있다. 스물여덟의 풋풋함이 사진에 그대로 묻어난다. 안방이지만 부부가 자는 방이 아니었다. 발달장애 성향이 있는 수겸이와 아빠가 잔다고 했다. 수겸이는 아빠가 없으면 잠을 못 자기도 하고 남편도 수겸이가 경련을 일으키는 게 불안해서 수겸이를 곁에 두고 잔다고 했다. 인터뷰를 마칠 무렵 수겸이의 동생 다혜가 학교를 마치고 와서 아이들 방을 함께 돌아봤다. 다혜는 자신이 그린 그림, 오빠인 수겸이가 낙서한 것을 설명하며 부끄러운 듯, 즐거운 듯 오묘하게 웃었다. 아이들 방에는 물건은 없고 사방이 낙서와 그림으로 가득했다. 또 하나 남은 방에서 다혜와 엄마가 자나보다.

방을 돌다보니 집에 대한 생각만큼이나 가족에 대한 생각도 얼마나 틀에 짜여 있었던가 싶었다. 안방으로 보이는 큰방에는 부부가 잔다는 생각, 아니 그러한 관습과 공간 개념이 생긴 건 오래되지 않았는 데 말이다. 유럽에서는 아이들과 함께 자는 것을 부도덕한 것으로 보던 시기도 있었으니 집에 대한 생각이나 가족에 대한 우리의 상상력은 얼마나 제한적인가. 더구나 발달장애인의 가족은 장애의 유형과 정도에 따라 더 다양할 터이다. 발달장애인의 엄마들은 어떻게 가족들과 살아가고 있을까.

"병원에 갈 사람은 애가 아니라 너다"

수겸이가 장애 진단을 받은 건 태어난 지 21개월 때였다. 걸음도 늦었는데 18개월 되던 즈음 식탁에서 뒤로 넘어진 뒤로, 아이가 머리를 잡고 며칠 동안 아파했다. 그래서 병원에 갔는데 의사는 애가 말도 못하는데 어떻게 머리가 아픈지 알았냐며 유난을 떤다는 듯이 말했다. "엄마가 참…… 아이고, 애를 그렇게 해서 어떻게 키우려고 그래요?" 애가 한두 번이 아니라서 신경이 쓰인다고 했더니 제대로 알려면 CT를 찍으라고 했다. 다섯 시간을 버티면서 힘들게 CT를 찍었다. 아이와 씨름하는 그녀를 본 의사는 왜 사서 고생을 하냐고 했다. 2주 후에 병원에 갔더니 뇌파상으로 경기가 잡히는 게 아닌가! 그녀는 자신을 유난한 엄마, 이상한 엄마로 쳐다본 의사가 원망스러웠다. 그 후 서울에 있는 병원에 다녔는데 의사는 약을 계속 먹어야 될 것 같다고 했다. 아직 어려서 자폐라고 진단하기 어렵지만 자폐 성향이 있고 발달이 안 될 수도 있다고 했다. 그녀는 이미 짐작했기도 하고, 바닥을 경험했던 터라 다행이라고 생각했다.

"이미 쟤는 자폐구나, 생각했어요. 수겸이가 경련 이후로 언어 발달이 거의 없었고, 보통 애들은 자기 물건을 남이 가져가면 울거나 그걸 뺏는데 얘는 무조건 친구들 얼굴을 물어뜯더라구요. 그리고 수겸이가 약 부작용으로 죽을 뻔한 일도 있었거든요. 열이 거의 40도까지 가서 응급실 가고 중환자실까지 갔으니까. 그때 내 곁에 있는 것만도 다행이라고 생각했어요."

사실 수겸이가 머리를 아파하기 전에도 오른발을 끌면서 걷는 걸음이 불안해서 병원에 간 적이 있다. 의사는 발바닥의 아치 부분이 무너져서 그렇다고 보조신발로 교정해주면 된다고 했다. 그때부터 시댁의 눈초리가 좋지 않았다. 시아버님은 비용도 만만찮은데 CT를 찍고 치료실을 드나드냐며 유난을 떤다고 했다. 그때로 돌아간 듯 그녀의 목소리가 커진다.

"아버님은 치료를 안 하면 좋겠다고, 좀 강하게 얘기하시더라고요. 그래서 아버님께 저는 해야겠어요, 제가 불안하지 않아야 애를 키울 수 있지 않겠어요. 이게 나쁜 것도 아니고⋯⋯ 이상이 없으면 제가 언어치료를 하거나 심리치료를 하게 하겠어요. 이걸 하면 좀 빨리 자라겠죠, 그랬더니 아버님이 대놓고 저한테 '정신과를 갈 사람은 애가 아니라 너다'라고 그러시는 거예요. 그래서 제가 그럼 아버님이 원하시는 병원에, 원하시는 날짜에 원하는 시간 잡아주시면 제가 검사를 받을게요. 저는 아버님 며느리니까 아버님이 하라는 대로 할게요. 대신 제가 아버님한테 돈 대달라고 안 할 테니까 제 아이를 가지고 제가 하는 거는 신경 안 써주셨으면 좋겠어요."

그녀는 당돌했다. 결혼한 지 3년밖에 안 되었지만 시댁과의 관계는 눈에 보이지 않았다. 수겸이의 상태가 나아지는 게 그녀에게는 더 절박한 문제였으니까. 치료실을 가다보니 군인 월급으로는 감당이 안 돼 보험을 깰 정도였다. 수겸이의 유난한 행동이 잦아들 무렵 시아버님은 "네 덕에 이만큼이라도 애가 큰 거다" 하시며 고마워했다.

수겸이를 끔찍이 예뻐하는 할머니 할아버지 때문에 시댁에 갔다 오는 날이면 수겸이는 더 흥분하곤 했다. 시부모님들이 오냐오

냐 하며 수겸이가 하고 싶은 대로 다 해주는 탓에, 하루 자고 오면
그녀는 일주일이 힘들었다. 그렇다보니 수겸이를 자주 혼내게 되
고 다투는 일이 많아졌다.

"내 새끼가 걱정되지, 김수겸이 걱정은 두 치야"

작년에는 수겸이의 행동이 더 격해져서 아이와 실랑이도 거세졌
다. 이신향 씨는 수겸이의 장애 성향을 알면서도 지쳐서 감정적으
로 대할 때가 많았다. 한번은 수겸이가 그녀의 팔을 물어뜯고 발로
차는 걸 본 친정엄마는 애를 화가 나게 하지 말고 다독이라며 조곤
조곤 타일렀다. 마음에 걸렸는지 일주일 후에 전화를 해서 괜찮아
졌냐고 물었다. 그녀가 많이 좋아졌다고 답했는데도 엄마는 뭔가
마음에 걸렸는지 우는 목소리로 말을 이었다.

"나는, 수겸이는, 한 치 건너 두 치다…… 나는, 내 새끼가 걱정
되지. 김수겸이 걱정은 두 치야. 수겸이 그렇게 크다가 너무 힘들
어서 정말 시설에 보내면 마음은 아프겠지. 근데 난 차라리 그게
낫다고 생각한다. 내 새끼 그러다 병들어서 이러쿵저러쿵하고 있
는 것보다 그게 나아. 그러니까 너무 개한테 전전긍긍하지 마라."

친정엄마는 한 번도 그런 모습을 보인 적이 없을 정도로 강한 분
이셨다. 자식들 시집 장가 보낼 때도 안 우시고, 남동생 군대 갈 때

도, 그래 갔다 오라며 문 닫고 들어가던 분이셨다. 그런 엄마가 눈물을 흘리시다니! 불효를 하고 있는 거구나 싶었다. 그녀가 엄마한테 넋두리를 했을 때 '아휴, 그래, 너 힘들지' 하는 소리를 들어본 적이 없었다. 늘 "네 업보야. 수겸이를 낳은 거는 너 사람 되게 하려고 그런 거다" 하셨다. 가끔 그런 말이 서운할 정도였다.

한번은 신랑이 담배를 피워서 친정에서 대판 싸웠다. 수겸이는 패턴화된 삶을 사는 아이라 주변의 행동을 쉽게 따라 하기 때문에 남편에게 수겸이 앞에서는 담배 피우는 것도, 술 마시는 것도 조심해야 한다고 늘 당부했는데 달라지지 않으니 싸움이 됐다. 그 후 친정엄마에게서 전화가 왔다. 업보니 하며 똑같은 얘기를 하다가 생각지도 않았던 소리를 하셨다.

"'신향아, 너무 힘들면 그냥 와. 대신 다 떼고 너만 와.' 어? 그랬더니 '다 떼고 너만 와' 그래서 제가 그건 아니잖냐고, 수겸이는 어떻게 하냐고 했더니, '수겸이고 뭐고 다 필요 없어. 네가 아무리 아등바등 개를 데리고 나와서 키운다고 해도, 그거 알아주는 사람 없다. 그것도 힘들면 데리고 와. 대신 하나만 엄마랑 약속하자' 그러시는 거예요. 무슨 소리냐고 했더니 '죽지만 마!' 하셔요. 남편이랑 헤어지겠다고 한 것도 아니고 집을 나오겠다고 한 것도 아니었는데…… 놀라면서도 아무렇지 않은 듯, 나 안 죽을 거야 했지요."

그렇게 위태로워 보이냐고 물었더니 친정엄마는 가슴에 50년간 묵혀온 이야기를 처음으로 딸에게 전했다. 세월만큼이나 아린 말들, 아린 만큼이나 온기 어린 말들.

"아니, 사람이 살다보면 정말 힘들면 어떤 극한 선택을 할 수도 있으니까. 수겸이를 12년 키웠는데 네 속은 지금 어떻겠냐. 아무리 노력하고 다녔어도 네 성격에 성에 차지 않을 테고…… 엄마가 볼 때 네 마음이 너무 많이 아픈 것 같다. 네 마음이 얼마나 많이 곪았겠냐. 근데 정말 아무것도 아닌 사소한 것에서 터진다. 그게 터졌을 때는, 네가 너를 감당을 못할 것 같다. 그러니깐, 죽지만 마…… 엄마도 결혼생활이 힘들어서 한 번 집을 나간 적이 있어. 할머니 할아버지가 일찍 돌아가셨으니까 시어머니가 작은아빠 집으로 찾아와서 한바탕 했대. 그 후에 작은아빠가 걱정돼서 한강만 보고 다니셨대, 내가 한강물에 뛰어들지 않았나. 얼마 지나서 작은아빠 집에 갔더니 '잘 왔다, 너무 힘들면 그냥 와라…… 죽지 말고 와라' 그러셨어. 엄마는 그 말이 너무 힘이 됐거든……"

이신향 씨는 엄마가 그렇게 힘들어했는지 몰랐다. 친할머니 손에 자란 그녀는, 돈 버느라 애들 얼굴만 겨우 볼 정도로 바쁜 엄마 아빠보다 친할머니와 더 가까웠다. 엄마가 돼서야 친정엄마가 힘들어했다는 걸 알게 됐을 뿐 아니라 '엄마의 자리'를 살아냈던 친정엄마의 뜨거운 지지의 말을 들을 수 있었다. 그건 어쩌면 엄마와 딸의 대화이자 엄마와 엄마가 나누는 연대가 아닐까.

"내가 없었구나!"

이신향 씨는 자신은 성취를 해야 만족을 하는 타입이라고 했다. 그 만족감으로 에너지를 만드는 타입이니 수겸이가 발달장애가 아니었다면 일을 하러 다녔을 거라고 했다. 그래서 수겸이를 돌보는 게 전부인 생활이 힘들어서 조울증이 왔다. 감정기복이 조절 안 돼서 약도 먹었다. 그런 중에 둘째인 다혜 출산까지 겹쳤다. 최선을 다 해도 시댁이나 남편이 뭐하러 그런 걸 애써 하냐고 그녀에게 쏟아낼 때는 '이러다 내가 뛰어내리겠구나!' 싶은 생각까지 들었다.

항상 수겸이가 어찌될까 노심초사하는 그녀이지만 아이를 해할지도 모른다는 생각이 들 정도까지 간 적도 있다. 엄마가 없어도 걱정하지 않을 정도로 아이가 생활할 수 있다면, 아이가 그렇게 자란다면, 그만큼 여유도 생기는 거라 여기며 다른 생각은 전혀 하지 않고 살아왔다. 그런데 그게 아니었다.

"수겸이가 진짜 별거 아닌 거에 고집을 부리는데 순간 제가 괴력이라고 할 정도의 힘으로 애를 밀어서 애가 넘어갔어요. 내가 애를 잡겠구나 싶었어요. 한 번도 그렇게 생각을 해본 적이 없는데…… 진짜 그 아이를 딱 잡고 '안 되겠다. 너랑 나랑 죽어야겠구나?' 이게 진짜 입 밖으로 딱 나오더라고요. 근데 그때 다혜가 옆에 있었는데 소리도 못 내고 그냥 울고 있더라고요. 이성을 찾고 나서 보니까, 내가 지금 뭘 한 거지 싶었어요."

그래서 그녀는 다혜의 심리상담 선생님께 전화를 걸었다. "선생님, 제가 너무 힘듭니다. 오늘은 작은애가 아닌 제가 좀 상담을 받아야겠습니다." 선생님은 흔쾌히 오라고 했다. 자초지종을 말했더니 선생님은 그녀가 너무 예민해진 상태이니 좋아하는 일을 하라고 권했다. 좋아하는 일을 하라는 상담 선생님의 조언이 낯설었다. 분명히 결혼하기 전에는 좋아했던 일도, 음식도, 놀이도 있었는데…… 얼마 전 부모수업을 받을 때도 행복할 수 있는 것 열 개를 쓰라고 했는데 그녀는 하나도 못 썼다. 그때도 아이가 뭘 할 때 기쁜 일은 떠올랐지만 스스로 행복해지는 일은 떠오르지 않았다.

"내가 없었구나! 그걸 깨달은 거죠. 나름 큰아이를 잘 키웠다고 인정받아서 아이에 대한 스트레스나 아이를 키우는 일에 대한 내적인 갈등이 없다고 생각했는데 그게 아니었던 거죠. 결혼하기 전에는 부모님의 딸이었고, 결혼하고 나서는 누구의 엄마로 살았기 때문에 나는 내가 좋아하는 게 없었던 거죠. 여자로 살아본 적도 없었어요. 엄마 아빠의 딸이었고 할머니의 손녀였어요. 어디를 가든지 그랬어요. 대학을 다녔을 때도 스무 살 아가씨라는 생각보다는 엄마 아빠 딸이니까 잘해야 한다는 생각을 많이 했어요. '네가 첫째니까 잘해야 돼.' 그 소리를 항상 많이 들었거든요. 내 머릿속에는 '그렇게 하면 너희 엄마 아빠가 욕먹는 거야'라는 게 컸어요. 아버지가 싫어하셔서 미니스커트를 입어본 적도 없어요. 연애도 지금 신랑 만나기 전에 한 번 해본 정도니까. 외모를 꾸밀 줄도 몰랐고 여자들끼리 수다 떨고 영화도 보고 그런 게 없었어요."

"나는 엄마고 당신은 아빠잖아"

생각해보면 이신향 씨의 결혼도 그렇다. 효도하는 셈치고 만나보
라는 친정엄마의 권유로 시작된 만남이 결혼으로 이어진 것이다.
결혼이 하고 싶어 연애한 것이 아니라서 그런지 10개월 동안 연애
하면서 영화 두 편 본 게 전부일 정도로 밋밋했다.

그녀는 결혼해서 행복할 것이라는 확신도 없었다. 하지만 수겸
이를 기르면서 의지할 데는 남편밖에 없었기에 수겸이를 키우며
힘들었던 것을 남편에게 모두 쏟아냈다. 남편 따라 친구도 없는 타
지로 이사온 그녀가 어려움을 토로할 수 있는 사람은 남편밖에 없
었다. 친구들이 멀리 있기도 했고 굳이 전화로 수겸이 얘기를 알리
고 싶지도 않았다. 그런 그녀의 처지를 이해하지 못하는 남편이 원
망스러웠다. 더구나 남편이 수겸이 키우는 일을 원하는 만큼 도와
주지 않아 자주 싸웠다. 남편이 늦게 퇴근하거나 술을 마시고 오면
수겸이와 운동 겸 하는 산책도 하지 못했다. 수겸이의 몸무게가 45
킬로인데 살을 빼지 않으면 약 용량이 늘어나기 때문에 그건 작은
문제가 아니었다.

"나는 엄마고 당신은 아빠잖아. 나는 이만큼 하는데 당신은 이

만큼 안 해? 그랬더니 남편이 '난 나가서 일을 하니깐 그만큼은 못 해' 그러는 거예요. 그래서 제가 나도 애 키우면서 살림하잖아. 나도 일을 하고 싶어. 당신한테 돈을 많이 벌어오라는 거 아니잖아. 단, 집에 왔을 때만은 애를 좀 봐주라는 거잖아. 그래야 그 시간에 못한 살림도 할 수 있잖아. 왜 그게 안 돼?"

결혼 전 건축 일을 하며 남자들과 어울려 일한 이신향 씨는 '남자들의 세계', 생존과 계급의 세계를 알고 있기에 돈 버는 일이 마냥 두려운 것만은 아니었다. 해야 할 집안일이 많다보니 그녀는 느긋한 남편을 채근할 수밖에 없었다.

"저는 설거지를 하면서 커피를 먹고 청소기를 돌리는 사람이고, 신랑은 커피를 들고 나가서 베란다 밖을 보는 사람이고. 그러니 저도 얼마나 답답하겠어요. 내 생각에는 내가 살림을 하면 신랑이 애들 세수시켜주고 옷만 입혀줘도 훨씬 시간이 단축되는데. 그래서 빨리 마시라고 하면 뜨거운 걸 어떻게 빨리 마시냐고 다투고. 저도 힘들지만 신랑도 얼마나 힘들었겠어요."

그렇게 다투며 시간이 흐른 요즘, 주위 사람들에게 힘들다고 말하던 신랑도 예전보다는 낫다고 얘기를 한다. 그만큼 서로 여유가 생겼다. 그녀는 "나의 완벽주의로 주위 사람들이 힘들었던 거 같다"며 그때를 돌아본다.

"나한테서 이 큰아이는, 내가 생각했던 삶이 아니었고, 계획되지 않았던 아이니까…… 이 아이로 인해 부족해진 내 삶의 빈자리

를 나머지 사람들이 채워주기를 바랐고 그걸 강요했죠. 작은아이
도 그렇게 잡았던 거죠. 신랑은 신랑대로 힘들었고. 물론 그때는
그게 이해가 안 됐어요. 지금도 그게 백 프로 이해는 안 되지만, 조
금 나이 먹고 큰아이에 대해서 일정 부분 내려놓으니까, 아, 그럴
수 있었겠다⋯⋯"

이렇게 육아에 모든 기력을 쏟느라 그녀는 아내로서 마음을 내
는 건 생각지도 못했다.

"딱히 부부 사이에 문제가 있다고 할 수도 없지만 문제가 없다
고도 할 수 없는 애매모호한 상황인 걸 서로 알아요. 이렇게 가면
안 된다는 걸. 요즘은 신랑이 많이 노력하는 게 느껴지기는 해요.
낮에 전화를 해서 뭐하냐고 묻기도 하고, 밥 먹었냐도 묻기도 하
고. 전 그런 걸 아직 못해요. 그래서 남편에게 말했어요. 정말 고마
운데 나한테는 시간이 필요하다고. 나름대로 노력을 하고 있으니
까 좀만 기다려달라고."

그녀는 아직 둘은 부부라기보다는 부모일 뿐이라고 했다. 그녀
는 아이를 키우는 데 이 사람만한 파트너는 없다며 신랑을 "동지"
라고 표현했다. 그래도 요즘은 다혜가 내준 숙제를 하느라고 부부
간 스킨십이 늘었다고 했다. 아침에 출근할 때 다혜가 보는 앞에서
남편을 배웅하며 안아준다. 처음에는 어색했는데 조금은 나아지
고 있다며 그녀는 쑥스러운 표정으로 웃는다.

수겸이로 인해 '부모'가 되었는데 다혜로 인해 '부부'가 될 결심

을 했다는 그녀의 이야기를 들으며, 부부관계도 부모 자식 관계도 서로 어떤 자극을 주느냐에 따라 변할 수 있다는 걸 새삼 깨닫는다. 결혼했다고 부부관계가 저절로 만들어지는 것도 아니고 자녀가 부모에게 일방적으로 받기만 하는 것도 아니다. 가족도 그렇게 변주하며 만들어지는 게 아닐까. 그녀가 원하는 "내 말 좀 들어주고 쉴 수 있는 가족"은 미래형만이 아니라 현재진행형인지도 모른다.

"얘가 날 조금씩 미는구나"

이신향 씨는 감정기복이 심해진 이후로 이러다가 정말 큰일 나겠다 싶어서 작년에 전국장애인부모회 논산지회 엄마들도 만나고 활동보조서비스도 받았다. 장애인부모회에서 얘기를 나누기는 하지만 아직 혼자인 시간이 많아 요가든, 컴퓨터든 뭐든 배우러 다닌다. 무엇보다 그렇게 하지 않으면 살 수가 없을 것 같다고 말하는 그녀의 낯빛이 어두워진다. 그게 그녀가 숨을 쉬는 방법이었구나! 그녀가 보내는 시간의 의미를 어림짐작해본다.

수겸이와 보내는 시간은 자연스레 줄어들었다. 그래서일까. 수겸이가 그녀를 밀어낸다고 느껴질 때가 많다.

"수겸이 뭐해? 물어보면 '혼자 있잖아' 그래요. 엄마랑 놀까? 그러면 자긴 혼자 있을 거라고. 그렇게 저를 밀어내더라고요. 처음에는 그래, 그러고 나와줬지요. 창문으로 뭐하나 보니까 그냥 있는 거예요. 특별히 지가 하는 것도 없으면서…… 그래서 한번은 수겸이가 혼자 있겠다고 했는데도 같이 누웠어요. 엄마도 여기 있을 거야 하면서. 나가라고 해도 싫어, 엄마 있을 거야, 그러면서 간지럼 태우고 같이 놀고. 그러기는 해도 애가 날 조금씩 미는구나 싶어요. 그럼 난 어떡하지, 어떡하지 하는 생각이 들기는 해요. 엄마는 수겸이랑 끝까지 갈 건데 벌써 나를 밀면 어떡하려고 그러나 싶기도 하고. '너, 나를 밀어봤자 별거 없어' 하면서도 그게 대견하기도 하고, 조금 걱정이 되기도 하고. 좀 크면 더하겠죠…… 대신 다혜랑 친해지데요"

옛날에는 엄마가 전부였던 수겸이에게 활동보조서비스 선생님이 생기자 엄마를 찾는 일이 더 줄어들고 있다. 수겸이에게 밀착됐던 시간은 줄었지만 그 시간을 어떻게 채울지, 그것을 익히는 데도 그녀에게 시간과 노력이 필요한 것이리라. 그걸 아는지 신랑은 그녀가 뭘 배운다고 하면 한 번도 하지 말라는 소리를 하지 않았다. 그렇게 그녀는 자신이 무엇을 원하는지, 그녀가 누구인지 스스로 깨치리라. 그렇게 엄마와 아이는 서로 각자의 시간을 만들며 앞으로 걸어가고 있는 건 아닐까.

"애들 부르는 소리도 톤이 다르대요"

수겸이가 활동보조서비스를 받고 나서 이신향 씨는 다혜의 공부를 봐주고 있다. 어른스러워진 작은아이도 보듬어야 한다고 생각해서다. 다혜를 위한 일이지만 초등학교 2학년인 다혜는 그렇게 여기지 않는다. 오빠랑은 놀면서 자기랑은 공부만 하는 게 서운한가보다. 다혜가 다섯 살 때, 오빠의 경기를 걱정하며 마음도 아프고 슬프다고 몇 번을 얘기해서 여섯 살 때부터 상담을 받았다. 네 살 아이에게 "다혜야, 가방은 저기다 걸고 신발은 벗어서 이렇게 정리해야 돼"라며 강요했던 일들이 떠올랐다.

"다혜가 선생님한테 엄마가 놀아주지 않는데, 오빠 때문에 힘드니까 뭐라 하면 안 된다고 했대요. 저는 몰랐는데 주위 사람들이 제가 애들 부르는 소리도 톤이 다르대요. 큰애를 부를 때는 부드럽게 수겸아, 그리고, 작은애를 부를 때는 정색하는 목소리로 김다혜! 이렇게 부른대요. 수겸이를 통해서 못하는 걸 다혜에게 채우려고 했나 봐요. 많이 내려놓은 줄 알았는데…… 작은애가 너무 애늙은이라고만 생각했지 쟤로 인해 내가, 나를 돌아볼 수 있을 거라고는 생각을 한 번도 안 했거든요."

그녀는 혹시 오빠의 장애가 다혜의 삶을 어렵게 할까봐 걱정이 되지만 아직 둘은 잘 지낸다. 아침에 남매는 손을 잡고 학교 정문까지 가고 학교에서 오빠를 만날 때면 반가워 오빠의 이름을 부른다.

왜인지 모르지만 수겸이는 학교에서 다혜를 아는 척하지 않는다. 그렇지만 집에 있을 때는 다혜가 없으면 다혜를 찾는다.

"다혜는 아직은 오빠가 세상에서 제일 좋대요. 장애가 있는 오빠가 도움반에 있는 걸 반에서도 아는데 별로 얘기가 나오지는 않나 봐요. 아직 친구들하고 부딪침도 없었고. 학교 애들이 워낙 착해요. 어제는 오더니 수겸이 오빠가 우리 반에서도 인기가 많다는 걸 알았대요. 왜냐고 물었더니, 오빠가 보여서 '오빠!' 하고 불렀더니 애들이 '어디 어디, 수겸이 오빠 어딨어?' 하면서 다 나왔대요. 다혜가 걱정돼서 제가 물어봤거든요. '오빠를 학교에서 마주쳐도 괜찮아?' '응. 왜?' '오빠가 도움반에 있는 걸 친구들이 알아서 불편하거나 속상하지는 않아?' 그러니까 다혜가 아니라면서 왜 그러냐고 물어요."

그녀는 다혜와 수겸이가 아직은 어리니까 잘 지내는지 모른다며 앞으로 겪을 사춘기가 걱정이라고 했다. 다혜에게 신경 써주지 못했던 이야기를 할 때마다 그녀의 눈에 눈물이 고인 건 그 때문일 게다.

2016 · 01 M 08

이야기 둘,

형제자매들이 함께 겪어가는 장애

어린 남매가 아닌 조금 큰 형제자매들의 관계는 어떨까? 발달장애인의 형제자매 모습은 어떨지 다른 장애인 부모들의 사연을 들으며 짐작해본다. 자폐 성향이 있는 17세 쌍둥이 한결이와 한길이를 둔 우진아 씨에게는 연년생인 비장애아 큰딸이 있다.

그녀는 딸이 초등학교에 들어갈 때 이렇게 말했다. 해줄 수 있는 게 없지만 녹색교통(아침 등교 시간에 학부모들이 녹색조끼를 입고 교통안전지도를 하는 일)은 해주겠다고. 그리고 이 말도 덧붙였다. "엄마가 녹색교통을 할 때 동생들은 아침을 굶고 간다는 것도 알아줘." 그녀가 녹색교통 어머니 일을 해야 하는 날은 미리 쌍둥이들 옷도 입히고 도시락도 싸서 할머니 집에 맡겨야 했기에 더 바빴다.

"가족이 아닌 척해도 돼"

우진아 씨는 쌍둥이 아이들 때문에 장애인 관련 캠프에 많이 갔다. 행사에서 받아온 컵이 많다보니 그녀는 그걸 집에서 물컵으로 썼다. 한번은 초등학교 3학년인 딸은 컵에 써 있는 '장애'라는 단어가 신경이 쓰였는지 "우리는 컵도 장애야" 그랬다. 있는 거니 버릴 수 없다고 했지만 그녀는 미안했다. 대신 예쁜 컵 몇 개를 사라고 말했다. 큰애가 초등학교 2학년 때 친구들이 쟤 동생은 장애아라고 놀려서 울고 들어온 적이 있는데 그때 애를 크게 혼낸 게 마음에 걸려서 더 그랬는지 모른다.

"지금도 생생해요. 애가 울던 모습이며, 내가 한 말이며…… 초등학교 1학년 때 엄마들하고 서먹하니까 서로 애들 얘기 물어보잖아요. 얘기 나누면서 엄마들이 동생들은 어디 다니냐고 물어서 조기교육 다닌다고 했어요. 이 이야길 들은 엄마는 당연히 영재 조기교육을 다니는 걸로 생각한 거야. 내가 아무렇지 않게 자연스럽게 말하니까 그렇게 소문이 났어요. 그런데 딸 친구들이 우리 집에 놀러왔는데 쌍둥이 동생이 난리가 난 걸 봤겠지요. 다음날 놀러온 친구 중 하나가 그 반에 가서, 쟤 동생은 말 못하는 장애인이야, 그렇게 얘기한 거죠. 장애가 있어서 조기교육 다니는 거라고 했대요. 그 일 때문에 자기가 힘들다고, 울면서 말하더라고요. 그래서 내가 '근데 왜 힘들어?' 물으니까 자기는 아직 친구들한테 말 안 하려고 했는데 친구들이 말해서 힘들었다고. 그래서 제가 '네 동생 장애 맞잖아. 네가 이상하다.' 되게 단호하게 말했어요. 너무 냉정하게, 정말 세게 말했어요."

딸은 그때의 이야기를 꺼내는 걸 지금은 싫어한다. 딸도 장애인 캠프를 다니면서 장애에 대해서 아는 게 많아져서인지도 모른다. 아니면 알림장으로 딸아이와 얘기를 많이 해서인지도.

"딸에게 고맙다고 했어요. 지금은 너나 나나 겪어가는 시점이야, 우리는 이걸 쉽게 없앨 수 없을 거야, 그랬어요. 한번은 지하철에서 아들들이 컨디션이 안 좋은지 소리를 질러서 경로석에 앉혔어요. 그런데 어떤 할아버지가 오셔서 멀쩡한 것들이 앉았다고 난리 난리를 치시는 거예요. 두 아들들이 초등학교 때였어요. 그걸 뒤에 있던 딸이 보고 앉힐 만해서 앉혔다 그랬더니, 그 할아버지가 팔다리도 멀쩡한데, 그러는 거예요. 그래서 제가 장애수첩을 보여주면서 장애가 있다고 했어요. 그분은 씩씩거리면서 전철에서 내리셨어요. 그런데 그분이 너무 크게 소리를 지르셔서 멀리 있던 사람도 들릴 정도라 그게 창피했는지 딸내미가 울기 시작했어요. 그때 어떤 아주머니가 '예쁜 애가 왜 울어?' 그래 이만저만해서 그렇다고 말했더니 아주머니가 만 원을 꺼내주시는 거예요. 딸은 그게 더 속상한지 안 받겠다고 화를 내는 거예요. 자기는 그것도 너무 싫은 거야. 동생들하고 맛있는 거 사 먹으라고, 그냥 주시는 거니 울지 말라고 했지만 계속 울었어요. 그래서 제가 받기 싫으면 엄마가 받을게 하고 받았어요. 집에 와서 딸에게 말했어요. 시간이 흘러서 혹시라도 아까 같은 상황이 생기거나, 누군가 쌍둥이를 안 좋은 눈으로 보고 있어서 힘들면 가족이 아닌 척해도 돼. 그래도 엄마는 뭐라 하지 않아. 왜냐면 네가 그걸 감당할 준비가 안 되어 있는 걸 엄마는 아니까."

딸아이 얘기를 하던 우진아 씨의 눈이 붉어지고 목소리에 울음이 섞였다. 그녀는 집 근처에 특수학교가 있지만 딸아이가 힘들어할 거 같아 쌍둥이들을 먼 곳에 있는 특수학교에 보내고 있다고 했다. 동생 때문에 하고 싶은 걸 못하지 않을까 걱정이 돼서 일찍 공부해서 유학 가면 좋겠다고 말했다. 그랬더니 딸은 왜 자기한테 묻지도 않고 그러냐며, 동생을 잘 돌볼 수도 있고 동생과 살고 싶을 수도 있는데 그러냐며 따지듯 물었다. 그제야 그녀는 딸아이의 인간관계를 걱정하는 속내를 털어놓았고, 그 후 모녀는 쌍둥이의 미래에 대해서도 같이 의논할 수 있게 됐다.

한번은 동생들의 자립 준비에 대해 얘기를 나눴다 우진아 씨는 올해 고등학교 1학년인 쌍둥이에게 독립생활을 권하고 있다. 그녀는 5년 내에 쌍둥이가 지역에서 자립생활을 하면 좋겠다고 생각한다. 3년에서 5년만 지나면 사회인이 되기 때문이다. 쌍둥이들이 독립생활이 익숙해지지 않으면 시설에 보내야 할 것 같아서다. 우진아 씨가 장애인권활동을 시작한 것도 어쩌면 우연이 아닐 것이다. 그녀는 딸이 초등학교 5학년 때부터 장애인권교육을 했다. 장애인 시설에 대한 조사를 하고 오는 날이면 딸아이에게 말한다.

"이렇게 엄마가 조사를 하는 거는 시설에서도 장애인이 잘 살았으면 좋겠고 인권 침해도 안 받으면 좋겠어서야. 혹시라도 나중에 엄마가 어떤 상황에 닥쳤을 때, 동생들이 갈 수 있는 곳을 찾는다는 의미도 있어. 사회복지 관련 법률을 공부하는 것도 그렇고. 엄마가 동생들을 시설에 보내고 싶지 않아도 엄마가 늙고 사정이 달라지면 어떻게 변할지 모르잖아. 그때 되면 안 그럴 수 있잖아."

그렇게 말하니까 딸이 그러면 유언장을 해마다 써야 할 것 같다고 한다. 그래야 엄마가 어떤 걸 해놨고 그걸 보고 자기가 필요한 걸 알고 할 수 있지 않겠냐고.

"장애인 가족들이 서로 기쁘게 만나는 게 중요해요"

요즘 그녀는 발달장애인의 자립생활 사례를 모으는 연구 작업을 하고 있다. 발달장애인의 특성상 자립이 어렵다는 인식이 있기 때문이다. 그녀의 말을 들으니 생애주기에 맞는 지원만 된다면 발달장애 자녀가 지역사회 속에서 함께 관계를 맺고 살아갈 수 있는 설계가 불가능하지 않을 것 같다.

"전 이 사람들이 자립할 수 있다고 생각하고 있어요. 제가 쌍둥이들을 하루에 두세 시간밖에 못 보거든요. 나머지는 활동보조인

하고 지내요. 낮에는 학교나 방과 후 프로그램 하고 오고요. 그러면 성인이 돼서도 비슷한 시스템으로 일터에 가거나 여가를 보내고 밤에 잠재울 사람만 지원된다면, 24시간 공유할 수 있는 사람만 있다면 자립은 가능하지 않을까요. 같은 지역에서 살고 있으면 어떤 위급 상황이 생길 때 가족이 갈 수도 있고. 그런 지원을 만나는 게 필요한 거지요. 전 무엇보다 장애인 가족들이 서로 기쁘게 만나는 게 중요하다고 봐요. '지겹게'가 아니라 기쁘게! 이게 저의 큰 고민이자 숙제예요."

사실 장애인 형제자매들의 삶이 고단한 것은 우진아 씨의 딸만은 아닐 것이다. 지적장애가 있는 미선이의 엄마인 이넘 씨의 경우도 그랬다. 이넘 씨도 아이들 이야기를 할 때는 목이 메어 말을 잇지 못했다. 34개월 터울의 미선이 동생은 장애인 언니의 삶을 끌어안고 가기에 힘이 부친지 거리를 두려고 한 적도 있었다.

"작은아이는 처음에 언니랑 같이 초등학교를 다녔어요. 초등학교 1학년쯤 지나고 나니까 언니가 싫은 거예요. 친구들이 놀리니까. 그러니까 20분쯤 언니보다 먼저 학교를 가요. 언니랑 마주치지 않으려고. 둘째는 친구들하고 다니는데, 첫째는 혼자 다니잖아요. 그래서 미선이에게 엄마가 친구해줄 테니 같이 가자고 했더니, 저희 아이가 그래요. '엄마가 왜 친구야. 엄마는 엄마지.' 그러면서 혼자 학교를 잘 가요. 애가 굉장히 독립적이고 강단져요. 자기가 혼자 다니는 게 좀 그렇다, 그런 내색이 없었어요. 그래서 고맙기도 하고."

이넘 씨가 보기에 조금 자란 후에 동생은 언니에게 다가가려 노력했다. 그럴 때마다 미선이는 동생을 밀쳐냈다. 사춘기 때라 그런지 미선이는 조금이라도 자기를 무시하는 눈빛을 보이면 바로 "뭘 봐!" 이런 말을 내뱉곤 했다. 밥을 먹다가 동생이랑 눈이 마주쳐도 그랬고 동생이 좀 도와주려고 해도 바보인 줄 아냐며 화를 내곤 했다. 그래서인지 지금 중학교 2학년인 둘째는 왜 언니 위주로만 하냐고 따지기도 한다. 그동안 언니한테 자기가 배려한 것에 비하면 언니가 잘해준 게 없다고 느끼는 것 같다며 이넘 씨는 걱정했다. 어쩌면 많은 장애인 형제자매들이 돌봄의 중심에서 벗어날 때 느끼는 외로움을 속으로 삭히며 버티고 있는 건 아닌가 싶어 내 마음도 무거워졌다.

부모의 사랑과는 다른 무엇

대구에 사는 심선화 씨도 두 딸들을 볼 때면 마음이 복잡하다. 발달장애아인 정은이와 동생 정민이 때문이다. 정은이로 인해 정민이를 남의 집 아이처럼 길렀다. 일곱 살에 혼자 치과를 갈 정도였다. 장애아에게 신경을 쓰다보면 어쩔 수 없이 놓치게 되는 다른 아이. 그녀는 항상 정민이에게 왜 언니를 신경 쓸 수밖에 없는지 설명했다. "엄마가 이렇게 언니에게 신경을 쓰는 건 너랑 언니랑 재미나게 살게 하기 위해서야. 나중에 엄마가 없어도 언니랑 다닐 수 있게 하려는 거니까 그동안 네가 참아주면 좋겠어"라고. 달리 할 말이 없기도 했고 사실이기도 했다. 밝은 성격의 정민이는 그걸 받아들였다. 그래서인지 그녀는 정민이가 1학년 때 버스에서 겪은 일로 충격을 받았다는 걸 한참이 지난 후에야 들을 수 있었다.

"보통은 정민이를 치료실에 같이 데려가지 않는데 그날은 따라 가겠다고 해서 얌전히 앉아 있어야 한다고 신신당부를 하고 데려 갔어요. 치료를 마치고 버스를 타고 집에 오는데 빈 좌석이 하나여 서 둘이 같이 앉겠냐고 했더니 불편하다며 정민이가 서서 가겠다 고 했어요. 그런데 찻길로 갑자기 뛰어든 초등학생을 피하려다 버 스가 급정거를 하면서 버스 안은 아수라장이 되었어요. 저도 모르 게 의자에 앉아 있는 정은이를 꼭 안고 있었나 봐요. 정민이는 서 있다가 제 뒤로 쏠려 내려갔고. 얼마나 놀랐겠어요. 놀란 마음에 엄마랑 언니는 어떻게 됐나 봤는데, 엄마가 의자에 앉은 언니를 꼭 끌어안고 있는 걸 본 거예요. 제가 정은이의 얼굴을 만지면서 '정 은아, 괜찮아? 어디 다친 데는 없어?' 하는 걸. 전 정민이가 그렇게 뒤로 쏠려 갔는지도 몰랐어요. 정민이가 섰던 그 자리에 다시 와서 야 제가 정민이한테 괜찮냐고 물으니까 괜찮다고 해요. 한참 후에 야 정민이가 그 얘기를 했어요. 소리도 안 내고 눈물을 뚝뚝 흘리 면서. '내 몇 살 때……' 그러면서 어린애가 엉엉 울지 않고 눈물만

흘리면서 말하는데 정말 미안한 거예요. 전 변명 아닌 변명들을 늘 어놓고…… 걔가 쌓아둔 게 그거만 있는 게 아닐 텐데…… 가장 아픈 걸 말한 거겠지요."

그녀는 조숙한 정민이가 안타깝다. 정은이에게서 떨어져보라는 남편의 권유도 있고 해서 요즘은 모임에 많이 나간다. 여자가 밖에 있는 걸 이해하지 못하는 전형적인 경상도 남자인 남편을 설득한 것도 정민이다. 엄마 친구들은 다 좋은 사람들이고 자기 친구들 엄마라고 거들어줬다.

"지금은 모임을 세 개 해요. 일주일에 한 번씩, 한 달에 세 번 모임에 나가요. 항상 정은이한테만 갇혀 있었는데 친구들과 같이 등산도 가고 모임도 하고 그러니까 새로운 신천지가 열린 거 같아요. 한번은 작은애가 그러는 거예요. '왜 가는 데마다 언니를 데리고 가려고 그래?' '그러면 네가 언니를 볼 거니?' '아니, 난 집에서 잘 거야. 언니도 집에 있으면 컴퓨터를 하든, 뭘 하든 할 거 아니야.' 그래서 제가 처음에는 너는 잘 거면서 언니를 데리고 나가지 말라고 간섭이냐고 했어요. 그랬더니 뭐가 어떠냐며 그만 신경 끄라고 하는 거예요. 그랬는데 한두 번 정은이를 두고 갔는데 이게 별일이 안 생기는 거예요. 처음에는 정은이가 저한테 계속 전화했는데 나중에는 전화도 안 해요. 제가 너무 정은이한테 집착한 건가 그런 생각도 들고, 제가 좀 달랐으면 정은이한테 도움이 되지 않았을까 싶기도 하고……"

그녀는 요즘 정민이를 보며 조금씩 배운다. 자신의 애착이 집착은 아니었는지. 자신이 자꾸 거기에 얽매어 있으면 더 힘들고 정은이를 측은지심으로 바라보고 그러면 안 된다고.

정말 아이들은 엄마와 달리 씩씩하구나 싶었다. 어쩌면 엄마가 장애아를 돌봄의 대상으로만 여기는 데 반해 형제자매가 그것과 다르게 대할 수 있는 건 같이 자라면서 생긴 끈끈한 무언가가 있기 때문은 아닐까. 또래의 아이들에게 통하는 무엇이 있는지도 모른다. 부모의 사랑과는 다른 무엇! 엄마이기에 어쩌지 못하는 마음에 장애아를 독립적인 주체로 보지 못할 때 형제자매는 부모와는 다르게 서로를 존중하며 관계를 맺는 건 아닐까.

"은석아, 너 어떻게 할래?"

서울에 사는 지영원 씨는 스물여덟이 된 발달장애인 아들 은석 씨가 대견하다. 네 살 터울의 형 재석 씨가 동생을 인정해주는 게 보여서다. 은석 씨는 지적 장애인들이 다니는 성모자애복지관 부설 재활대학을 졸업한 후 장애인을 대상으로 하는 직장에 다니고 있다. 아들의 변화는 직장에 다녀서만은 아니라고 지영원 씨는 말한다. 작은애가 고등학교 때 복지관에서 하는 '자기결정 프로그램'을 하고 나서 달라졌다고 생각했다. 맹모삼천지교라는 말을 들을 정도로 그녀는 아이의 교육을 위해 이곳저곳 이사를 다녔다. 그녀가 보기에 은석 씨의 변화는 가족에게도 변화를 주었다고 했다.

"은석이가 고등학교 3학년 때 복지관에서 하는 자기결정 프로그램을 했는데 전 그때는 필요성을 못 느꼈어요. 모든 걸 엄마가 결정했으니까. 자기결정, 자존 이런 걸 생각하지 못했죠. 은석이가 자기 생각을 표현하고 그에 따라 선택하는 걸 봤는데 신세계를 발견한 거 같았어요. 고등학교 졸업 후에는 못하다가 대학 졸업하고서 얼마 있다가 그 프로그램이 생겨서 다시 시작했으니 8년째 하고 있네요. 게다가 회사에 들어가서 월급도 받고 그러니까 더 자존감이 커진 거 같아요. 우리 아들 맞나 싶을 정도예요. 실제 생활과 이론으로 배운 게 이어진 거지요."

은석 씨는 예전에는 형한테 굉장히 위축되어 있고 피해의식이 있던 아이였는데 달라졌다. 그녀 말에 의하면 은석 씨는 모임에서 한 달에 한 번씩 대표도 뽑고 논의도 하면서 어휘도 늘고 책임감도 생긴 것 같다고 했다.

"가족관계라는 게, 제가 중간에서 조절한다는 게 힘들었거든요. 저야 은석이 눈높이에 맞추는 게 익숙하지만 형이나 아빠 같은 경우는 그게 안 됐거든요. 눈높이를 맞추지 못하니까 집안 분위기가 이상해지기도 하고. 지금은 서로 달라졌어요. 남편이 아직 오락가락하긴 하지만 남편에게 은석이를 존중해주고 결정권을 주면 좋겠다고 한 후 조금 달라졌어요. 남편이 같이 야구 클럽도 가기도 하고. 회사를 다니며 일정한 몫을 하는 동생이 대견해 보였는지 형도 달라진 것 같고. 옛날에는 사소한 것도 동생 의견을 물어보지 않고 대화도 거의 없었는데…… 은석이가 형에게 월급 이만큼 탄다고 자랑하면 형은 '와 대단하다!' 그러는데 남들은 우스워 보일지 몰라도 그게 전 정말 뿌듯했어요. 사소한 걸 정할 때도 형은 '은석아, 너 어떻게 할래?'라고 묻기도 하고."

이야기를 하며 지영원 씨는 작은 소리로 웃는다. 주변 사람들은 "은석이는 축복"이라고 말한다. 하지만 그녀가 보기에 상황은 달라진 게 아니라고 웃음기를 거둔다. 은석이만 더 좋아지면 된다는 일념으로 치료와 교육에 매달리느라 그때는 미처 생각하지 못했던 일들이 생겼기 때문이다. 동생이 장애인이라는 이유로 3년간이나 사귀었던 여자 친구와 헤어졌다. 헤어진 후에 아들이 힘들어하는 걸 옆에서 지켜볼 수밖에 없었다. 그녀는 아이들의 미래를 생각하면 울컥해지고 우울해진다며 힘없이 말했다. 그래서 지영원 씨는 형이 짝을 찾을 수 있을지 장담할 수 없으니 그냥 네 명이서 행복하게 계속 살았으면 좋겠다고 했다. "부모니까 모든 걸 감수하지만 형제가 감수하기는 힘든 일이 아니냐"며 한숨을 내뱉었다. 그녀 말대로 아직 우리 사회에는 장애인에 대한 편견과 가족의 굴레가 많다. 그래서 장애아를 둔 엄마들은 부모가 떠안았던 짐을 형제자매가 질까봐 아이를 더 낳지 않겠다는 결심을 하기도 한다. 이번에 만났던 엄마들도 그런 고민들을 털어놓았다.

아빠와 아들의 위치 그 어딘가에

"엄마로 산다는 건 힘들죠." 지영원 씨는 젊은 시절을 어떻게 그렇게 보냈는지 모르겠다며 숨 가쁘게 살아온 날을 들려줬다. 아들의 장애를 알고 난 후 치료실과 복지관을 정신없이 뛰어다녔던 날들이 믿기지가 않는다. 남편은 아이의 장애 정도나 상태에 대해서 잘 몰랐고 그저 그녀가 도와달라고 하면 도와주는 정도였다. 어디를 가야 아이에게 필요한 프로그램이나 지원이 있는지 그녀가 다 알아봐야 했다. 모든 양육이 그녀 몫이었다. 부산이 고향이라 그녀의 형제자매들도 다 지방에 있었다. 시댁이 서울에 있지만 도와달라고 말하기는 어려웠다. 남편에게 관심을 가져달라고 했을 때 알았다고 한 남편의 대답을 믿기도 어려웠다. 그녀가 할 수밖에 없었다.

"애 아빠의 행동이 변할 거라고 기대하지도 않았고 제가 해야 마음이 편한 것도 있었거든요. 주로 엄마들하고 하는 거니까. 그런데 사실은 힘들었어요."

스물여덟에 연하인 남편과 결혼한 우진아 씨도 사정은 비슷했다. 쌍둥이 아들 둘이 장애 성향도 달라서 손이 이만저만 가는 게 아니었다. 특수학교를 보내는 일이며 아이들을 돌보는 일이며 시댁 식구들 밥까지 다 그녀가 챙겨야 했다. 남편의 작업장은 같은 건물 지하에 있었지만 딸이 언제 아빠 오냐고 물을 정도로 얼굴 보기도 힘들었다. 그래서 헤어지려고도 했다.

"남편은 어쨌든 경제 사정 때문에 일을 해야 하는 상황이었어요. 컴퓨터 관련 직업이 그렇잖아요, 계속 안에 있어야 하고. 그것 때문에 그 사람이 밉다, 그런 건 아닌데 어떤 순간엔 그 사람이 모르쇠 하니까, 이거 같이 사는 게 맞나 싶었어요. 옆에 있는 시댁 식구들도 저희 집안 때문에 애들이 장애인이 됐다고 탓하니까 재미있게 애들을 키울 수 있을 것 같지도 않고. 그래서 집을 나가겠다고 했어요."

그러나 시어머니가 "네가 나가면 쌍둥이들은 시설에 맡길 수밖에 없다"는 말을 하자 마음을 돌렸다. 시어머니는 그녀의 큰딸에게도 동생들의 장애를 남들에게 말하지 못하게 했을 정도였으니 그 말이 협박으로만 들리지 않았다. 상황이 달라져서일까? 시간이 흘러서일까? 가슴앓이도 이제는 사라졌다. 직장에 다니던 시누이의 눈치를 보던 일도 시누이가 결혼하자 달라졌다. 새벽에 시누이의 도시락을 싸주던 일, 새벽에 회사 가야 하는데 애들이 울면 시누이가 잠을 못 잘까봐 숨죽여 지내던 일, 동네 사람들이 쌍둥이들이 발달장애인인 거 알면 안 된다고 큰애에게 말하지 말라고 단도리하던 시어머니…… 생각하면 서운하고 눈물 나지만 이제는 지난 일이 되고 또 그런 일이 생긴다면 당당하게 말할 수 있을 만큼 마음의 힘도 생겼다.

"경제적인 것은 상관없으니 내 옆에 있어줘"

치료비며 생활비 때문에, 아이의 돌봄을 부부가 어떻게 나눌까는 장애인 부모들의 오랜 숙제이다. 양은영 씨는 서진이가 장애 판정을 받을 즈음에 남편이 해외로 갈 뻔했던 일을 생각하면 아직도 아찔하다. 혼잡했던 병원을 혼자 다니는 것도 힘든데 혼자 아이를 돌봐야 한다고 생각하니 눈앞이 깜깜했다. 남편은 치료와 돌봄에 돈이 많이 들기 때문에 해외 파견도 상관없다고 생각했던 것 같다고 했다.

광주시에서 2015년 발표한 바에 따르면 발달장애인 가족에게 추가로 드는 비용이 월 평균 83만 9,000원이다. 의료비, 교육비, 교통비를 합한 평균 금액이니 장애의 정도에 따라 더 많이 들기도 할 것이고 물가가 비싼 도시는 더 들 것이다.

"광주에 장애 진단 결과지 받으러 가기 전에 순천에서 언어치료를 받았어요. 서진이 언어치료 해주고 계시던 선생님이 믿을 만한 개인 병원 원장님을 소개해주셔서 광주 병원으로 갔어요. 원장님이 아이가 발달장애라고 하시는데 너무 놀랐어요. 그러면서 이럴 때일수록 엄마 아빠의 관계가 굉장히 중요하다고. 그때 신랑이 베트남 이런 데로 해외 파견을 나가야 할지도 모르는 상황이었거든요. 우리 사정을 몰랐는데도 그런 말씀을 하시더라고요. 장애인 가정을 많이 봐왔던 분이라 그런지, 제일 중요한 점은 얼마나 오랫동안 지치지 않고 가느냐다, 엄마들이 힘들어하는 시기가 분명히 온다. 너무 처음부터 이렇게 쉬지 않고 달리다보면 지친다. 그러니 옆에서 아빠가 도와줘야 된다고."

원장님의 조언을 듣고 양은영 씨는 남편이 곧 해외로 갈지도 모르는데 어떻게 하면 좋겠냐고 물었다. 원장님이 회사에 어떤 식으로든 적극적으로 알려서 가지 못하게 만들라고 강하게 말씀하셨다. 그러자 남편도 해외 파견을 심각하게 받아들였다. 남편에게 경제적인 건 상관없으니 내 옆에 있어달라고 애원했다. 다행히 남편은 해외로 가지 않게 됐다.

남편은 집안일도 꼼꼼하게 잘하고 주말에도 애들한테 헌신적이다. 하지만 시댁 식구들과의 관계에서 그녀가 힘들어하는 걸 이해해주지 않았다. 결혼하고 매일 안부 전화도 하고 시어머님께도 자주 갔다. 애들이 갓난아기일 때도 그랬다. 시아버님이 일찍 돌아가셨고 남편의 형도 젊은 시절 돌아가셔서 그녀가 제사를 지내야 했다. 1년에 두 번 있는 제사, 명절, 어머님 생신 때는 만삭일 때도 당연히 올라갔다. 그러면서 알게 모르게 시집살이라는 걸 경험했다. 그러나 남편은 그녀가 하소연을 해도 들어주지 않았다.

"제 성격이 대거리하는 성격은 아니라서 좀 힘들었어요. 어머님이 2박 3일인가, 3박 4일인가 왔다 가신 적이 있어요. 그때만 해도 아기가 어린데다 잠을 안 잤어요. 새벽에 비몽사몽으로 방문에 달아놓은 그네를 태우는 게 다반사였어요. 그날은 어머님이 거실에서 주무시고 계시는데 아기가 깼으니까 조용하게 그네 태워주고 노래도 불러주고 그랬어요. 그런데 나중에 어머님께서 그러시는 거예요. 선생까지 했다는 애가 목소리가 그렇게 모기만 해가지고 그게 뭐냐고, 네가 애기한테 제대로 안 하니까 그 모양이라고. 어머님하고 그런 일이 있을 때 감정 정리가 되지 않은 채로 신랑에게 하소연하면 오히려 나를 탓할 뿐이었어요. 다른 부분은 괜찮은데 시댁 문제만은 제 감정을 전혀 읽을 준비가 안 돼 있어요. 어머님이 이러실 때 제가 어떤 상처를 받는지 궁금해 하지도 않고. 알기 싫은 거예요. 완전 서운하죠. 제일 위로받고 싶은 사람한테 위로받지 못하니까."

시댁과의 관계에서 며느리의 위치는 비장애아의 엄마들에게도 어렵다. 시댁과 갈등을 겪을 때 엄마들은 귀를 열고 등을 다독여주는 남편이 필요하다. 아빠의 자리만이 아니라 남편의 자리도 채워

주길 바란다. 더구나 장애아를 키우며 온갖 일과 화살이 엄마에게
쏠리는 장애인 엄마에게는 더욱 그런 관계가 필요하다.

　장애아를 둔 부부의 이야기는 비장애아를 키우는 부부와 크게
다르지 않다. 아이를 돌보는 일을 평등하게 나누기보다 온전히 아
내에게 맡긴 탓에 부부는 싸운다. 섬처럼 홀로 아이를 양육하는 아
내는 외롭다. 잘못된 양육 때문에 아이가 그렇게 된 것이라는 비난
과 자책의 고통까지 더해진다. 이걸 나눠야 하는 게 부부이기에 아
내는 남편이 가장 기대고 싶은 말벗이자 동지가 되기를 바란다. 그
러나 현실에서 그녀들의 바람은 욕심으로 치부되기 일쑤다.

남편이 울었다

시간은 사람을 바꾸고 관계도 바뀌게 하나보다. 무뚝뚝한 경상도
사내인 심선화 씨의 남편이 달라진 것이다. 일곱 살 많은 남편은
집에 들어오면 항상 집에 아내가 있어야 하고 밥을 챙겨줘야 한다
고 여기는 사람이었다. 정은이가 학교 폭력을 당해서 항의하러 그
녀가 학교에 드나들 때도 자기한테 피해주지 말라고 했던 사람이
었다. 그런 남편이 울었다.

　"친정에 갔을 때 술을 먹다가 정은이 아빠가 울었어요. 남자다
보니까 표현을 안 하잖아요. 저는 모임에도 나가고 같은 입장인 엄

마들하고 얘기도 하고 강의도 듣고 그러잖아요. 교수님도 만나서 '우리 애가 왜 이럴까요' 얘기도 하고, 치료실 가서 '이럴 때 힘들어요' 하고 늘어놓고. 그렇지만 정은 아빠는 그런 거 잘 못하잖아요. 남편 친구 애들 중에 정은이 또래가 있거든요. 그 아이들이 커가는 거 보니까 자기 가슴이 아픈 거예요. 정은이에 대해서 자기는 할 말이 없잖아요. 그게 마음에 남는다며 울더라구요. 제가 토닥여 줬어야 하는데, 울기는 왜 우냐고 뭐 때문에 우냐고만 했지요. 친정엄마가 토닥이며 '실컷 울어라, 울어도 된다' 그랬어요. 그 후로 남편은 어디 가서 애들 얘기만 하면 눈물이 난다고 그래요."

남편은 몇 년 전 정은이가 크게 아픈 이후로 더 많이 바뀌었다. 예전에 못 보던 모습들을 보여줬다. 남편을 배려한다고 그녀 혼자 다 했는데, 그게 아빠가 설 자리를 뺏은 거 아닐까 싶었다. 남편도 내가 손 내밀어주기를 기다린 게 아니었을까? 그래서 그녀는 미술치료를 받으며 그린 그림을 남편에게 전하면서 그동안 마음속에 담아뒀던 감정들을 털어놓았다. 시댁 일에서 자유로워지고 싶다는 말도 했다. 장애아를 키운다는 게 힘들다는 걸 전혀 이해하지 못하는 시어머니, 중간에서 내 편이 되기보다는 시어머니 편이 되는 그에게 쌓아두었던 걸 다 끄집어 내놓았다. 그러자 마음이 편해졌고 남편과 가까워진 느낌이 들었다고 했다. 그녀는 앞으로 이런 시간을 더 많이 가져야겠다고 말했다.

돌봄의 온기가 방 안 구석구석을 따뜻하게

그녀들의 이야기들을 듣다보니 내 마음도 답답해졌다. 가부장제의 자장 속에서 더 옴짝달싹 못하는 장애아를 둔 엄마들의 삶. 어떻게 그 힘든 일을 해냈는지 모르겠다고 하는 그녀들. 양육은 돌봄 중에서도 뜨거운 무엇이 없으면 할 수 없는 것으로 보였다. 그래서 나는 바란다. 아이를 돌보면서 뜨거워진 마음이 남편과 시댁 식구들로 인해 냉소로 돌변하지 않기를. 돌봄의 열기에 장애아의 엄마와 가족이 데지 않기를. 돌봄의 온기가 방 안 구석구석을 따뜻하게 하기를.

그러고 보니 홀로 아이를 키우는 비혼모, 이혼한 엄마들은 얼마나 많은 어려움에 처할까 싶다. 편견과 경제력의 벽이 떡하니 그녀들 앞에 서 있지 않은가. 냉방에 끙끙대며 아이를 홀로 안은 그녀들의 모습이 선명하다.

3

길이 아닌 곳에 길을 만드는 사람들

교육, 우리 아이가 이 사회에서 살아갈 권리

이묘랑 씀

* 이 글은 김숙자 님(승윤 엄마), 박혜영 님(형래 엄마), 이상희 님(무룡 엄마)의 이야기를 재구성한 것입니다. 글을 이끌어가는 미래 엄마는 박혜영 님의 인터뷰를 기반으로 글쓴이가 가상으로 설정한 인물임을 밝힙니다.

이야기 하나,

아이들에게 맞는 세상 열어가기

"미래 어머님, 미래는 잘 가르치면 일상생활은 할 수 있을 거예요. 그런데 예를 들어 올해 대통령으로 누굴 뽑을지에 대해서는 함께 이야기할 수 없을 겁니다."

행동발달연구소 선생님은 다섯 살이 된 딸아이가 지적장애 2급이라고 말하기에 앞서 이렇게 운을 뗐다. 검사 결과를 듣는 순간, 아무 생각도 나지 않았고 감정의 동요도 일지 않았다. 그저 무릎에 앉은 미래를 조금 더 세게 끌어안았다. 첫째 미래는 돌이 지나도 걷지를 못했다. 옹알이도, 앉는 것도 다른 아이들에 비해 늦었다. 친정엄마나 시어머니 모두 '늦되는 애들이 있다'고 했고 텔레비전에서 해주는 프로그램을 봐도 그런 경우가 종종 있기에 그러려니 했다. 또 아이들은 성장이 멈춰 있는 것 같다가도 훌쩍 자란다기에 크게 신경 쓰지 않았다. 그런데 미래가 경기를 반복하고 행동발달이 나아질 기미가 보이지 않자, 소아과 의사가 조심스레 장애 진단을 권해 검사를 받았던 것이다.

미래를 데리고 의정부 집으로 돌아오니 친정엄마가 둘째 달래를 재우고 계셨다. 옆에 미래를 누이고 한참을 어둠 속에 앉아 있었다. '도대체 이게 무슨 일이지' '이제 무얼 해야 하지' 감당할 수 없는 막막함에 눈물이 쏟아졌다. 아이들 아빠라도 곁에 있으면 좋으련만 남편은 검사 결과를 듣곤 바쁘다며 서울로 향했다.

대학 동기였던 남편과 서른 즈음 결혼해 포천에서 신혼살림을 시작했다. 남편은 결혼 한 달 만에 직장을 그만두고 컴퓨터 프로그래밍 관련 사업을 해보겠다며 서울에 사무실을 열었다. 출퇴근을 고려해 가까운 의정부로 이사했는데도 남편의 외박은 잦았다. 부탁도 하고 화도 내보고, 미래를 임신한 뒤에는 불안하고 초조한 마음도 비쳐봤지만 그때마다 남편은 "임신은 너만 하냐?"며 유난 떠는 사람 취급했다. 미래가 태어난 후에도 상황은 달라지지 않았다. 애들 양육과 집안일 그리고 생계 유지까지 내 몫이었다. 회사가 안정기에 접어들면 달라지려니 했지만 지금까지 그런 적은 한 번도 없다. 가족에게 관심이 없는 사람에게 가장의 책임을 운운하기엔 자존심이 허락하지 않았다. 하지만 오늘 같은 날은 같이 있어주기만 해도 위로가 되련만……

그동안 아이들을 홍천에 사시는 친정 부모님께 맡기고 학습지

교사 일을 하며 이렇게 저렇게 살림을 꾸려왔다. 그렇지만 이제는 친정 부모님께 계속 아이를 돌봐달라고 할 수는 없을 것 같다. 이제는 엄마인 내가 미래를 끼고 있으면서 재활을 비롯해 필요한 치료를 받을 수 있게 해줘야 한다. 그렇잖아도 손이 많이 가는 때인데 장애까지 있으니 다른 이에게 맡기는 것이 조심스럽고 불안하다.

엄마들이 다 알아서 판단해야 한다

그런데 뭘 해야 하고 누구한테 물어봐야 하지…… 막막하고 복잡한 마음으로 컴퓨터를 켰다. 행동발달연구소에서 장애아동 재활치료를 하는 곳들을 잠깐 언급했던 걸 떠올리며 '장애아동 재활치료'라고 입력했다. 재활치료 병원, 아동발달센터, 지역의 재활치료센터들이 뜨고, 장애 등록하는 법부터 정부에 복지급여를 신청하는 방법까지 그리고 장애인 부모 모임 카페들도 화면에 보인다. 손이 가는 대로 이곳저곳 클릭하다 장애아를 키우면서 겪은 일화들을 모아놓은 블로그에 이르렀다. 스무 살 된 아들 승윤이를 키우는 김숙자 님의 블로그였다.

　"파주에 사는 승윤이 엄마 김숙자예요. 우리 아들이 18개월 때 지적장애 1급이라는 걸 처음 알았는데 앞으로 어떻게 해야 하는지…… 어디 물어보거나 도움을 청할 데가 없어서 답답했어요. 그래서 다른 장애아 부모님들께 조그마한 힘이라도 돼드리고 싶어서 제 경험을 소개하려고 합니다.

저는 정신지체는 낫는 병이 아니라 평생을 안고 가야 한다는 걸 알고 있었어요. 지금은 지적장애라고 하지만 그때는 정신지체라고 했어요. 그래서 저도 마음의 각오를 다지며 남편한테도 그랬어요. '여보, 좋아질 뿐 낫는 게 아니래. 평생을 간대요. 우리가 평생 이 아이를 돌봐야 될 거예요.'"

'평생을 간다'는 대목이 넘겨지지 않아 읽고 또 읽었다. 미래한테 아직 '엄마' 소리도 제대로 들어보지 못했다. 눈치도 빠르고 말귀도 잘 알아들어서 금방 말문이 트일 거라고 여겼는데 여기까지라니…… 여러 사람과 함께 걷다가 갑자기 나만 덩그러니 남겨져 길을 잃고 헤매는 기분이다. 이제 어디로 가야 하지? 나를 위한, 미래를 위한 아무런 이정표도 없다는 게 화가 나고 불안하다. 그 누군가 이쪽으로 가면 된다고 안내해주면 좋을 텐데……

아니, 내가 이렇게 넋 놓고 있으면 안 되지. 치료를 하면 분명히 지금보다 좋아진다잖아. 승윤이라는 아이는 언어치료를 받고 말은 하게 된 건가? 당장 언어치료부터 시작해야 하나. 사람들은 어디서 정보를 얻고 어떤 기준으로 결정하는 거지? 아무도 알려주지 않아도 갈 길을 찾아야 하는 거잖아. 지푸라기를 잡는 심정으로 이어지는 내용들로 눈을 돌린다.

"승윤이가 장애라는 걸 알고 난 후 공부를 시작했어요. 정보는 도서관, 관련 책에서 얻었고요. 거기서 언어나 인지치료 등 어떤 것이 어느 시기에 필요한지 알게 됐고, 남자아이니까 운동을 하면 좋겠다는 나름의 결론을 내렸어요. 아이한테 필요한 것이 무엇인지는 모두 제가 판단했어요. '이 아이는 이런 치료가 필요합니다' 라고 말해주는 전문가나 기관은 없어요. 외국에는 발달장애인지 원센터가 있어서 코디네이터가 여러 가지 검사와 테스트를 한 후 필요한 것들을 조언해준다고 하는데 우리나라에는 없으니 엄마들이 잘해야 해요. 치료의 효용성이나 적합성, 비용 등을 꼼꼼히 살피고 결정하세요. 어떤 엄마는 아이가 좋아진다는 말에 위험한 선택을 하기도 합니다. 한때 지적 능력을 향상시킨다는 전기충격치료라는 것이 엄마들 사이에서 유행한 적도 있거든요. 저는 그게 마치 전기고문 같아 보였어요. '애가 좋아진다'라는 말에 엄마들이 시행착오를 많이 하게 됩니다."

첨단의료, 인공지능, 생명도 창조해낼 것 같은 세상임에도 아이를 키우는 건 결국 엄마의 몫이고, 다른 이들의 경험을 밑거름 삼아 더듬어가야 하다니 허탈하다. 필요한 재활과 '좋아짐'을 가장한 유혹 사이에서 나는 중심을 잡고 나아갈 수 있을까.

"승윤이가 네다섯 살 때, 2000년도쯤인데 언어치료실이 회당 3만 5,000원이었어요. 그때는 바우처 같은 제도가 없으니 100퍼센트 사비예요. 거기에 인지치료, 작업치료. 누구나 기본 두세 개씩은 한답니다. 일곱 살 때는 매직짐이라는 스포츠 프로그램인 지금은 특수체육이라고 하는 걸 시켰어요. 40분 수업에 4만 원, 좀 비쌌지만 아이에게 도움이 되겠다 싶었죠. 치료비에 기타 경비까지 매달 100만 원은 들었어요. 그때 남편 월급이 200만 원이 안 됐을 때여서 늘 마이너스였죠. 대출받아서 카드값 메우고 누적되면 또 대출받아서 메우고, 그래도 가르치는 건 때가 중요하다는 생각에 강력하게 밀어붙였는데 결국 너무 부담이 돼서 채 1년도 못했어요."

작업치료는 뭐고, 특수체육은 또 뭐지? 우리 미래한테도 이게 다 필요한 건가? 미래한테 필요한 재활치료가 무엇인지 어떻게 결정하고 판단해야 할지 다시금 막막함이 밀려온다. 사람들은 엄마가 아이의 행동 패턴이나 성향을 다 안다고 생각한다. 아마도 그래서 많은 이들이 양육과정에서 발생하는 이런저런 사고를 두고 엄마에게 책임을 묻는 것일 게다. 하지만 엄마라고 해서 아이의 행동이나 성향을 잘 아는 게 아니다. 긴 시간을 함께하면서 부대끼고 살필 때야 비로소 파악할 수 있다. 혹시 엄마니까 당연히 아이에 대해 잘 알아야 한다는 말들이 되려 엄마의 발목을 잡는 게 아닐까.

직장생활을 하느라 아이와 떨어져 사는 동안 챙기지 못했던 것들을 이제 시작하려니 내가 무관심했던 엄마 같아 미안해진다. 신산해진 마음을 뒤로하고 검색창에 '발달재활치료'를 입력하니 복지부의 '2014년 장애아동가족지원' 매뉴얼이 뜬다. 발달재활서비스는 언어, 청능, 미술, 음악, 행동, 놀이, 심리운동, 재활심리, 감각, 운동 등 내용이 광범위했고 물리치료와 작업치료는 의료행위로 발달재활에서 제외된다고 한다. 종류도 다양할뿐더러 이를 제공하는 기관도 병원, 복지관부터 사설센터까지 너무 많아서 어디부터 시작해야 할지 또다시 막다른 골목이다.

필요한 서비스가 아니라 제공하는 서비스를 받다

나의 선택과 결정이 미래의 삶을 결정한다. 내가 잘못하면 미래가 불행해질 수도 있다는 것이, 한 사람의 생이 나와 분리되지 않을 거라는 사실이 무섭고 무겁다. 미래를 위해서 내가 더 많이 공부하고 찾아보고 기회를 만들어줘야 한다. 미래가 스스로 자기 삶을 살아갈 수 있도록 해야지 내가 대신 살아줄 수는 없잖은가. 역시 내가 아이들을 돌봐야겠다. 근데 아이들을 의정부로 데려오면 급할 때 돌봐줄 사람이 없어 불안하니 시댁이나 친정 근처로 이사를 하는 게 좋겠지. 친정이 있는 홍천은 작은 도시라 큰 병원을 가려면 춘천이나 원주로 나가곤 한다. 망설이다 남편에게 전화를 걸었다.

"미래한테는 재활치료가 필요해. 여기 집 정리해서 원주로 이사 가려고."

"……"

"미래가 계속 경기도 하고 그러는데 여기선 당신도 바로 못 오고 달리 와줄 사람도 없어. 원주엔 시댁도 있고 큰 병원이나 치료

시설도 있으니까."

"갈 거면 홍천으로 가. 친정 쪽이 더 편하지 않아?"

원주로 가려는 이유를 설명했지만 남편은 홍천으로 가라는 말만 반복하다 끊었다. 전화를 걸면서 가졌던 기대도 이해를 구하려던 마음도 그렇게 끊겼다. 이사를 준비하는 동안 남편은 계속 홍천으로 이사하라고 우겼다. 모르는 척, 내 의지대로 진행한 이사에 결국 남편은 모습을 보이지 않았다.

방이며 거실이 어수선하다. 아직 풀지 않은 이삿짐들이 한편에 박스채로 쌓여 있다. 달래를 시어머니께 맡기고 미래와 원주시장애인종합복지관으로 향했다. 복지관 이용을 위한 신청서를 작성하고 면담을 진행했다. 복지관에서 제공하는 재활서비스 가운데 미래에게 적합한 프로그램을 찾기 위해서는 진단평가가 필요하단다. 미래를 들여보내놓고 의자에 주저앉았다. 전문가의 도움을 받을 수 있다는 안도감이 잠시 들었다. 그런데 복지관에서 제공하는 서비스는 한정돼 있다. 미래에게 필요한 재활서비스를 찾는 게 아니라 복지관이 제공하는 것 가운데 미래가 받을 만한 것을 선택한다. 우선순위가 바뀐 게 아닌가. 불합리하다는 생각이 들지만 당장은 이거라도 있어 다행이라는 안도감과 불안감으로 마음이 요동쳤다. 보호자 대기실에 들어서니 두어 명을 빼고는 모두 여성이다. 아이든 어른이든 돌보는 일은 여전히 여자들의 몫이겠지. 주위를 둘러보다 사람 좋아 보이는 분께 무작정 말을 건넸다.

"안녕하세요. 혹시 여기서 무슨 치료 받으세요? 우리 아이가 최근에 지적장애 판정을 받았는데 뭘 해야 할지……"

"놀라셨겠어요. 저도 그랬어요."

동병상련이라 여긴 건지 낯선 이의 질문에 개의치 않고 자기 얘기를 들려준다.

"저는 아들 무룡이 운동시키러 왔어요. 무룡인 지금 열네 살인데, 9개월 때 아파서 병원에 갔더니 '댄디워커증후군'이라고 하더라고요. 당시에는 우리나라에 병명도 없었는데, 소뇌가 형성되지 않거나 제4뇌실의 낭성이 확장돼서 뇌척수액이 제대로 생성, 순환되지 않는 희귀난치성 질병이에요. 뇌에 물이 차니까 발달이 늦어지죠. 돌도 안 된 아이를 세 차례나 수술하고 나니 의사는 그냥 동반장애가 올 거라고 하더라고요. 어떤 증상이 나타날 거라든지 구체적인 설명은 없었어요. 9개월 때 병원 들어가서 돌 지나 퇴원하고 집에서 거의 한 달은 폐인처럼 살았죠. 그런데 이러면 안 되겠다 싶어서 그때부터 여기저기 알아보고 다녔어요. 병원도 그렇고 누가 '애는 이런 치료를 해주세요'라고 하는 게 아니라 제가 뛰어다니며 찾아야 되더라고요. 쟤 돌 지나고 나서는 한번도 그냥 가만히 있어본 적이 없어요."

"어디서 정보를 구하신 거예요?"

"그때는 신문, 지역사회 신문을 많이 이용했어요. 뒤지다보면 어디 복지관이 나오고 그럼 무조건 전화했어요. '거긴 뭐 있어요?

우리 아이가 이런데 이런 거 할 수 있어요?' 물었죠. 그땐 정말로 다 발로 뛰고 돌아다녔어요. 신랑한테 차 달래서 병원, 복지관 그리고 수치료aquatic theraphy 같은 것도 찾아서 다니고 그랬어요. 병원에 입원해 있을 때 만난 엄마 한 분이 자녀가 이미 성인이었는데 물리치료나 재활을 많이 다녔다면서 그러더라고요. '어차피 병원은 한계가 있다. 병원비도 장난이 아닌데 나가면 복지관 그런 델 많이 알아봐야 될 거다'라고요.

집 근처의 복지관이란 복지관은 다 돌아다녔어요. 애가 어린이집 가기 전까지 매일 복지관에 가서 아침 11시 타임 조기 교육하고 끝나고 집에 와서 애랑 밥 먹고 있다가 오후 타임에 인지나 체육, 미술, 언어 다 잡아놓고. 하루에 서너 타임씩 했죠. 그리고 한 달에 한 번씩 서울 한의원으로 치료하러 가고 또 수술 후 정기검사 받으러 병원 다니고. 그러다보면 하루가 어떻게 가는지도 모르고 지냈어요. 그땐 수원에 살았는데 수원은 물론이고 안양, 군포 인근에 있는 복지관을 다 다녔으니까요. 근데, 아이가 몇 살이에요?"

"다섯 살이요."

우리 아이들에게 맞는 곳이 따로 있는 게 아니다
_____

"어린이십은 일아보셨어요? 저는 처유에 동네 어린이집에 보냈어요. 무슨 일이 생기면 바로 달려갈 수 있을 거라는 생각에 가까운 곳으로 보냈는데 판단 미스였던 건지, 한 달인가 두 달 만에 쫓겨났어요. 입학할 때 애에 대해서 설명했는데, 무룡이 반 선생님이 무룡이 때문에 못하겠다고 하고, 다른 아이들도 장애아랑 같은 반에 있는 거 싫다고 이래저래 항의가 많이 들어온다고 하더라고요. 어쩔 수 없이 통합 유아원을 찾아봤죠. 집에서 차로 한 20분 정도 걸렸는데, 작은아이 카시트에 태우고 무룡이 태우고 데려다주고 데려오고 했죠."

결국 통합 유아원을 가는 게 현명한 것인가? 언제였던가. 미래가 다니던 어린이집 선생님에게 전화가 온 적이 있다. "저희 어린이집이 미래에게 잘 맞지 않는 것 같아요. 장애 전담 어린이집에 보내시면 어떨까요." 청천벽력 같은 소리였다. 우리 아이에게 맞는 세상이 따로 있던가, 서로 지지고 볶으면서 맞춰가는 거 아니냐고 다른 아이들과 똑같이 대해주면 되지 않느냐고 하고 싶었다. 그 순간 미래가 다른 아이들 속에서 혼자 외톨이처럼 앉아 있는 모습이 그려졌다. 적극적으로 항변하거나 계속 다니겠다고 주장할 수 없었다. 승윤이 엄마도 '경진학교' '밝은학교' 같은 좋은 통합 유치원을 찾았다며, 운이 좋았다고 했던 게 떠올랐다.

"일산에 있는 경진학교는 유치원부터 초중고 과정까지 모두 있어요. 유치원은 통합이고 초중고는 장애 학생들만 다니는 특수학교죠. 유치원에서는 열 명이 일반 학생, 다섯 명이 장애 학생이었어요. 교사도 일반 학생 담당하는 선생님과 장애 학생 담당하는 선생님 두 분이 수업을 같이 진행하세요. 시스템이 그러니까 일반 아이들이 우리 아이들을 자연스럽게 받아들였어요. 당연히 엄마들한테 인기가 많았고 경쟁이 세서 입학은 추첨제였죠. 승윤이 다섯 살 때 경진학교에 1년 다니고 다음엔 일산에 있는 밝은학교라는 특수유치원에 다녔어요. 마음은 계속 경진학교를 다니고 싶었지만 추첨이라……

밝은학교는 일산에 있어서 파주 저희 집에서 가는 데만 오십 분이 걸렸어요. 승윤이가 노래를 좋아해서 오가는 내내 동요를 틀어 줬는데 노래 따라 부르면서 말을 틔운 것 같아요. 8시 반에서 9시 사이 등교하고 보통 12시 반이나 1시 반쯤 끝나는데 그동안 집에 다시 왔다가 가기에는 너무 멀어서 저는 근처에서 대기했답니다. 어떤 때는 차에 있기도 하고 산책도 하고 멍 때리기도 하고, 비 많이 오는 날엔 차에서 자기도 하면서 매일매일 그렇게 보냈죠. 현장 학습이라도 가는 날이면 항상 30L쯤 들어가는 가방에 속옷, 겉옷 다 합쳐서 세 세트. 물티슈, 휴지를 가득 담아가지고 다녔어요. 승윤이가 아무 때나 똥 쌀 때라 냄새나면 어디든지 가서 갈아주고 와야 하니까요. 그렇게 유치원을 같이 다녔어요."

자연스럽게 여겨졌던 일들이 특별한 일이 되고, 특별하게 바라봤던 일들이 일상이 되고 있다. 누구나 다니는 어린이집, 유치원은 그림의 떡이다. 미래를 비장애 아이들과 어울리게 하는 게 '욕심'

처럼 여겨진다. 지금까지 전혀 의식하지 못했던 문턱에 걸려 넘어졌는데 치료할 곳도 손 내밀 곳도 보이지 않는다. 문턱에 걸린 게 잘못이라고 말하는, 익숙했던 세상이 낯설다.

미래만 생각하자. 미래가 잘 지낼 수 있는 곳, 미래의 상황을 잘 이해할 수 있는 곳으로 가는 게 좋겠다는 마음으로 정한 장애 전담 어린이집을 방문했다. 장애 등록을 하기 전이라고 하니 의사소견서 같은 것도 괜찮다고 해서 발달연구소에서 받아온 검사 결과를 제출했다. 장애 전담 어린이집이라 그런지 내부에서 치료 프로그램도 진행하고 있었다. 작업치료, 물리치료, 언어치료 중 두 가지를 선택하면 일주일에 두 번 받을 수 있다고 한다. 언어치료는 복지관에서 하기로 하고 작업치료와 물리치료를 신청했다. 추가 비용 없이 치료를 받을 수 있어 한걱정 덜었다.

돌아오는 길에 서점에 들러 미래에게 읽어줄 그림책을 구입했다. 평소 듣고 말하는 훈련이 언어발달에 좋다고 하니 치료실에만 의존할 게 아니라 집에서 할 수 있는 것들을 하고 싶다. 아무래도 복지관은 한 선생님이 여러 아이들을 담당해 꼼꼼히 챙기기 힘들테니 집에서 연계 학습이 필요해 보인다. 차라리 비용이 들더라도 사설기관에 보내야 하나 하는 고민 속으로 현실적 문제가 발목을 잡는다. 하루 이틀 하고 끝나는 일이 아닌 만큼 너무 무리하다 지치면 낭패라는 다짐도 해본다.

그런데 이거 세 개면 충분한 건가? 운동이나 다른 재활치료들은 언제 해야 하지? 하나씩 일정 기간 하다가 바꿔줘야 하는 건가. 제 때 필요한 재활을 시키지 않는 건 엄마로서 직무유기라는 생각에 조바심이 났다. 현재로선 선배 부모의 조언밖에 기댈 곳이 없어 다시금 김숙자 님의 블로그를 클릭한다.

아이들에게 꼭 맞는 세상으로

"승윤이는 6년간 언어, 인지, 작업치료를 하다가 초등학교 2학년 때부터는 줄였어요. 당시 엄마들 사이에서 '아이가 열 살 정도 되면 교육 효과를 보기 어렵다'는 이야기가 있었고 책에도 그렇게 나와 있거든요. 그래서 초등학교 5학년 때부터는 다 중단하고 수영만 했어요. 책에 사춘기 남자아이들은 에너지 발산이 중요하다고 해서 몸, 체력에 관련된 걸로 바꿨어요. 중학교 2학년 때까지 매주 세 번 수영, 한 번 등산을 다녔어요. 등산은 일곱 살 때부터 다녔는데, 승윤이가 계단이 똑같은 높이인데 색깔이 다르면 못 건넜거든요. 이럴 때 등산이 좋다고 해서 아빠가 매주 데리고 다녔어요.

대신 언어, 인지치료실에서 하던 것들은 제가 직접 했죠. 치료 진행 과정을 살펴보니 일상생활 훈련의 반복이었어요. 예를 들면 종합장에다 그림을 붙이고 설명하는 거예요. '밥을 먹어요. 포크로 딸기를 먹어요' 같은 거요. 이런 건 내가 집에서 할 수 있겠다는

판단이 서서 계획표를 세워 시간 날 때마다 연습시켰죠. 특히 방학 때는 지퍼 올리기, 후크 잠그기 등 취약한 부분을 집중적으로 훈련 했어요. 초등학교 6학년 방학 때는 단추 잠그기를 했는데 중학교 에 갔을 때 교복 와이셔츠를 혼자서 입고 벗을 수 있도록 하기 위 해서였죠. 다른 사람들은 '그걸 두 방학에 걸쳐 했다고?' 그러겠지 만 우리 아이들한테는 오랜 연습이 필요한 일이랍니다. 큰 단추로 시작해서 작은 단추가 달린, 집에 있는 옷들을 순서대로 꺼내서 연 습했죠. 성공하면 온가족이 다 칭찬하고 축하해주고 그다음 단계 로 넘어가죠. 그리고 자기 이름은 쓸 줄 알아야 하니까 이름 쓰기, 주소 쓰기, 숫자 1에서부터 100까지 쓰기, 점선 따라 그리기 등을 했어요.

승윤이한테는 일상이 곧 교육이에요. 귤이나 사과 같은 거 갖 고 올 때 승윤아 이건 '사과 한 개', 배나 토마토 갖다놓고 이건 '커 요', '작아요' 그랬어요. 잘하던 것도 안 하면 잊어버릴 수 있으니 까 평소에 계속 훈련을 하는 게 중요해요."

그래, 재활은 삶이라는 긴 여행을 가기 위한 도움닫기다. 미래 가 자신의 삶을 원하는 방식으로 디자인하려고 할 때 무엇에 서툴 고 어려움을 느끼는지, 미래가 무엇을 필요로 하는지 듣고 만들어 가는 일이다. 이렇게 생각하니 마음이 한결 가볍다가도 전문가도 아닌데 이분 이야기에만 의존하는 게 불안해 여기저기 웹서핑을 해보지만, 또 선배 부모들만큼 풍부한 정보를 주는 이도 없다는 결론에 이른다. 그런데 의외로 장애를 '아픈' 거라고 말하는 어머니들이 많았다. 비장애인으로 살 수 있기를 혹은 지금보다는 조금 나아지기를 바라는 기대겠지만 장애는 병이 아니지 않은가. 재활'치료'라는 표현이 아픈 상태를 전제하거나 완쾌를 지향하는 건 아닌지 의심스럽다. 또 장애를 '낙인'으로 만들고 있다는 생각도 든다. 재활은 치료라기보다는 장애라는 특성을 가진 이들에게 맞추어 제공되는 교육과정 같은 것이어야 하지 않을까. 장애, 비장애를 가른 채 진행되는 데서 나아가 모든 아이들에게 꼭 맞는 세상을 열어가기 위한 과정을 기대하는 건 너무 이른가.

이야기 둘,

길을 다시 만들고 싶다

대기 없이 입학하는 건 행운

어찌됐든 미래의 교육과 치료 문제는 엄마인 내가 해야 할 역할이
자 책임이다. 꼭 장애아가 있어서가 아니라 집 안에 돌봄이 필요한
사람이 있으면 그건 대부분 엄마의 몫이다. 남편은 경제를 책임지
고…… 결혼을 하면 남편이 경제적 책임을 지는 걸 당연하다고 생
각해왔던 건 아니지만 지금은 그렇게 사는 사람들이 부럽기만 하
다. 남편은 바깥양반, 부인은 안사람. 이 말이 의미하는 것을 비판
해왔던 날들이 사치스럽게 여겨진다. 당장이야 있는 돈으로 어떻
게 버틴다지만 한 살 터울인 달래도 어린이집에 다녀야 하고 우리
세 식구가 살려면 내가 돈을 벌어야 한다. 양육과 직장을 병행하기

위해 아이를 돌봐줄 사람도 필요하다. 장애아동바우처나 장애 전담 어린이집 등 지원체계가 아주 없는 건 아니지만 여전히 엄마들이 달라붙어 케어할 수밖에 없는 구조다. 그나마 대기 없이 특수어린이집에 입학하고 복지관의 재활서비스를 받은 나는 운이 좋은 축에 든다. 그런데 이런 행운은 일상적이거나 보편적이지 않다는 의미이기도 하다. 많은 사람들이 대기하고 있으며 좋은 통합학교에 갈 수 있는 기회가 적다는 뜻이기도 하니까. 그나저나 초등학교는 어디를 보내야 하지? 다시 블로그를 뒤져본다.

"초등학교 입학할 때쯤 유치원 부모 대기실은 온통 '특수학교에 가느냐, 일반학교에 가느냐' 하는 이야기뿐이에요. 승윤이가 입학할 당시인 2005년도는 정말 '괜찮다'고 하는 아이만 일반학교 특수반에 가고 나머지는 특수학교에 가는 게 일반적이었어요. 승윤이의 상태를 봐서는 특수학교에 가야 하는데 저는 일반학교에 보내고 싶었어요. 결국 이 사회에서 살아갈 건데 장애가 있다는 이유로 분리하는 건 옳지 않다고 생각해요.

제가 이런 생각을 하게 된 계기가 두 번 있었어요. 한 번은 밝은학교에서 현장학습 갈 때였어요. 경인선을 타려는데 어느 일반 유치원 아이들도 야외활동을 가는지 와르르 몰려 들어왔어요. 그때 승윤이가 우리 앉은 쪽에 안 앉고 그 아이들 옆에 앉아서 즐거워하는 거예요. 그 아이들이 떨떠름한 표정인데도 계속 쫓아가서는 제가 불러도 선생님이 불러도 안 오더라고요.

또 한 번은 아파트 공터에서 동네 아이들이 축구를 하는 거예요. 승윤이가 그걸 보더니 같이하자는 제스처를 하더라고요. 제가 같이 해줬더니 너무 재미있어 하는 거예요. 아마 그 아이들과 함께하고 싶었겠지만 그 아이들은 놀아주지 않죠. 어쨌거나 승윤이가 일종의 모방을 하는 거잖아요. 일반 아이들 속에 있을 때 행복해하기도 하고 모방을 할 수 있다는 생각이 들자 일반학교에 꼭 보내야겠더라고요.

제가 일반학교에 보낼 거라고 하니까 다른 엄마들이 다 침묵했어요. 무리라는 메시지인 거죠. 그래도 일반 초등학교에 입학시켰어요. 근데 그 초등학교에는 이제껏 장애 학생이 한 명도 없었대요. 그러다 우리 아이 학년에 장애 아이들이 다섯 명이나 된 거예요. 우리가 특수반을 만들어달라고 요구하지도 않았는데 장애 아이들이 입학하니까 학교에서 알아서 특수반을 만들더라고요."

미래가 입학하기 전까지 인근 초등학교에 도움반이 만들어지면 좋겠지만 그렇지 않으면 먼 곳으로 다녀야 할지도 모른다. 이렇게 학교가 많은데 장애아들이 갈 수 있는 곳이 없다는 현실이 이상하고 원망스럽다. 아니, 사실 나도 미래가 아니었다면 이런 상황을 알지도 못하고 넘겨버렸을 테니 현실만 원망할 수도 없지. 그래도 초등학교는 의무교육인데 뭔가 다른 방법도 있을 것 같아 다시 검색을 해보았다. '특수교육법'이라는 게 있어 학교에서는 입학자가 장애가 있다는 이유로 입학을 거부할 수 없고, 장애 아동이 입학하는 경우 특수학급을 만들어 운영해야 한다고 한다. 부모가 학교에 도움반을 만들어달라고 요구할 수 있다는데 인터넷 댓글을 보면 그게 그렇게 다행스럽지만은 않다.

"통합학교라고 해도 실제로 통합수업은 잘 하지 않아요. 아이를 그냥 특수학급에만 놔두는 경우도 많죠. 원래 개별화 교육계획이라고 해서 교사, 학부모, 특수교사가 함께 아이에게 어떤 교육을 시킬지 한 학기 단위로 계획을 세우고 진행해야 한다는 법적 근거가 있어요. 그런데도 잘 안 되죠. 그래서 저는 그냥 특수학교로 전학시켰어요."

"법적으로야 일반학교 보내고 도움반도 요구할 수 있지만 학교의 실제 현실은 그렇지 않아요. 일반학교 보내려는 건 아이를 볼모 삼아 부모가 자기 이상만 추구하려는 거 아닌지 생각해보세요."

"아이를 생각하세요. 특수학교는 장애 아이들의 특성을 파악하고 그에 따라 학습을 진행하는 만큼 일반학교를 보내는 것보다 훨씬 교육 효과도 좋은 거 같습니다."

특수학교는 분명히 장점이 있다. 그렇지만 나도 승윤이 엄마처럼 미래가 이 사회에서 살아가기 위해서는 일반 아이들과 함께 살아가는 훈련을 해야 한다고 생각한다. 만일 미래를 특수학교에 보내고 나면 동생 달래에게 언니가 다른 학교를 다니는 이유를 어떻게 설명해야 할까. 미래가 가질 수 있는 기회와 경험을 쉽게 포기해버리고 싶지는 않다.

엄마들은 늘 싸울 준비가 되어 있다

복지관에서 다시 무룡이 엄마를 만났다. 답답한 마음에 겸사겸사 내 고민을 털어놨다.

"초등학교에 입학하려면 3년이나 남았는데 벌써부터 걱정이 돼 잠이 안 와요. 통합학교에 보내는 게 좋을지 특수학교에 보내는 게 좋을지 모르겠어요. 저는 일반 아이들하고 같이 있게 하고 싶은데 말을 들어보면 쉽지 않아 보여요."

"저는 학교 교장이랑 싸우고 애를 입학시킨 걸요. 제가 수원에 살 때 근처에 ○○초가 있었고 좀 멀리 △△초가 있었어요. 둘 다 도움반은 없었는데 △△초에 도움반이 만들어진다는 소문이 있어서 교육청에 알아보니까 만들까 하고 있다는 거예요. 그래서 △△초에 입학시킬 생각을 하고 학교를 방문했는데 교장선생님이 만들 계획 없다며 오지 말라고 대놓고 이야기하시더라고요. 그리고 제가 앉아 있는 그 자리에서 ○○초 교장한테 전화를 하는 거예요. '그 학군에 있는 학생이 이리 오겠다는데 왜 그 학교에서 안 받아주나요'라고요. 정말 죽을 만큼 서러웠죠. 하지만 끝까지 요구했어요. 나 여기 올 거니까 받아달라고 하면서 입학통지서랑 준비서류를 놓고 나왔죠. 학교는 오겠다는 사람을 거부하면 '특수교육법'에 걸리니까 입학은 하게 됐는데, 가보니까 아무런 준비도 없이 도움반이라는 간판 하나만 딱 달아놨더라고요. 설상가상으로 오시기로 한 도움반 선생님은 사고가 나서 일주일간 못 오신다고 하고. 입학하고 나서야 교실 꾸미고, 집기 들여오는 공사를 했으니 4월까지는 도움반에 가지를 못했어요.

도움반 만들고 들어가서도 선생님들과의 갈등이 무수히 많았어요. 이거 해주세요, 저거 신청해주세요. 하나하나 요구해야 하고. 교실에서 문제가 생겼을 때 어떤 선생님은 그 안에서 해결하려고 하지 않고 무조건 도움반으로 보내요. 그러면 또 찾아가고…… 담임선생님이 정말 중요하거든요. 반 분위기라는 게 담임선생님이 모든 아이를 사랑으로 대하면 장애가 있든 없든 서로 좋은데, 쟤 좀 이상하다고 배제시키는 선생님이면 반 애들이 다 그 애를 외면해요. 무룡이 1학년 때 담임이 매일 무룡이를 도움반에 보내는 거예요. 너무 속상했지만 한 학기를 참았어요. 그리고 2학기 때 무룡이는 글씨도 쓸 줄 알고 얘기하면 알아들으니 수업을 시켜달라고 했더니 그제야 알겠다고 하시더라고요.

그렇게 크고 작은 일들을 하나하나 수없이 조율해야 해요. 우리 애들이 아무것도 모르는 것 같죠? 안 그래요. 도움반 가기 싫다고 하고 애들이랑 놀고 싶다며 교실에 있고 싶다고 해요. 그러면 또 선생님한테 부탁을 드리는 거죠. 무룡이가 반에서 아이들이랑 지내고 싶어 하는데 정말 문제가 생기면 보내더라도 가능하면 같이 지내게 해달라고요. 초등학교 때 아니면 친구들하고 언제 놀아보겠냐. 더 크면 애들이랑 지내고 싶어도 못 지낸다고 호소를 했죠.

정말 학년 올라갈 때마다 선생님들하고 상담하면서 똑같은 얘기를 반복해요. 한 학교면 알 법도 하고 기록도 있을 텐데 해마다 같은 이야기를 반복해야 한다는 게 정말 슬펐어요. 그건 아이한테 관심이 없다는 거잖아요. 저 스스로 '선생님들은 일반 애들 보기도 바쁜데 얘까지 챙기기에는 너무 힘든 거야.' 이렇게 다독이면서 선생님들 찾아다니고, 학교에 무슨 행사 있으면 쫓아다니면서 챙기고. 거기에 같은 반 애들한테 수시로 간식 넣어주는 게 일이었어요. 선생님들한테도 조그맣지만 뭐라도 성의 표시를 해야 되고.

그런데 이렇게 쫓아다니는 것도 고민이 많아요. 한번은 우연히 학교로 발길이 닿아서 갔어요. 운동장에 무룡이 반 애들이 뛰고 있는데 무룡이는 없는 거예요. 도움반에 있나 하고 갔더니 거기도 없어요. 교실에 가봤더니 혼자 있는 거예요. 그때 뚜껑이 확 열려서 애 데리고서 선생님 앞에 세워놓고 '우리 애는 왜 운동장에 없냐?'고 그랬더니 그때서야 선생님 뜨끔해 하더라고요. 그다음부터는 선생님도 애를 조심스럽게 대하기도 하지만 한편으로는 저 엄마 되게 극성맞다는 인상이 생겨서 안 좋기도 해요. 분명한 건 학교는 요구하지 않으면 아무것도 안 해줘요. 어떤 행사가 있으면 먼저 정보 주면서 절차 밟아달라고 해야 하고, 작년(2014) 세월호, 올해(2015) 메르스로 인해 외부활동 금지됐을 때도 부모들이 따라가 관리할 테니 허락해달라고 계속 요구해야 했어요.

엄마들이 나서서 아이들의 권리를 찾아주려다보니 엄마들은 늘 싸울 준비가 되어 있어요. 사람이 전투적이 되죠. 사람들은 우리한테 예민하다고 하지만 저 사람이 왜 저렇게 행동하는지 한 번만 더 생각해본다면 예민하다고만은 못할 거예요. 그 사람은 어쩌다 한 번 얘를 놀리거나 이상하게 쳐다봤다고 쳐요. 얘는 주변 사람들에게 늘 그런 대우를 받고 있잖아요. 그리고 그게 각인이 되고······"

교육의 기회는 누구에게나 열려 있다고 하지만 학교는 장애 아이 앞에서는 교문을 닫는다. 미래 앞에서 닫히려는 문을 열기 위해 나도 다른 엄마들처럼 싸울 준비를 해야 한다. 승윤이 엄마는 애가 중학교에 입학할 때도 행운이 따랐다고 했다. 승윤이 6학년 때의 특수교사가 중학교의 분위기를 미리 알고 입학 정보를 얻어 '교육청에서 입학 관련 공문이 갈 거고 학교에서 그 공문에 회신하기 전에 원서를 접수해라. 그러면 입학을 거부할 수 없다'고 알려줘서 적시에 원서를 넣었다고 했다. 학교에서는 반기지 않았지만 다섯 명 모두 중학교에 진학할 수 있었다. 대여섯 명의 장애 학생이 한꺼번에 몰려가 학교가 거부할 수 없는 상황이 되거나 절차적으로 학교가 거부할 수 없는 패를 쥐지 않는 이상 요행을 기대해야 한다. 아니면 싸우거나.

하지만 부당한 처우에 항의한다 해도 권리를 보장받기보다는 다른 형태의 불합리한 대접으로 돌아올 때가 많다. 학습지 교사로 일하는 나도 종종 비슷한 경험을 했다. 방문 시간이나 약속 시간을 내가 어기면 큰일이지만 상대방이 어겼을 때 나는 이해해야 했다. 괜히 문제제기를 했다가는 학습지를 끊어버리기 일쑤였고 결국 나의 무능과 낮은 실적으로 돌아왔다. 제도가 제대로 갖춰져 있지 않거나 작동하지 않을 때 그 안에서 누군가는 '이해'라는 이름으로 피해를 감수해야 했다. 이해할 것을 요구받는 쪽은 대개 가진게 없는 사람이었다. 장애 부모인 나의 위치가 그려졌다. 이분들의 과거가 머지않아 나의 현재가 되겠구나. 아이가 학교에 가고 그 안에서 생활하는 일이 '선생님 잘 만나서' 혹은 '운이 좋아서'에 좌우되지 않도록 하려면 누군가 요행으로 누린 것들이 모두를 위한 제도와 정책이 돼야 한다.

교육, 아이들을 밀어내다

"쉽진 않겠지만 그렇게 겁낼 필요도 없어요. 닥치면 또 하니까……"

내 마음을 읽었는지 무룡 엄마가 위로 아닌 위로를 건넨다. 쓴웃음을 지으며 들고 있던 커피를 한 모금 마셨다. 차갑게 식어버린 커피가 앞으로 내가 마주할 세상 같아 더 시리다. 문득 교육에 대한 근본적인 의문도 들었다. 지금 학교는 배울 능력이 있는 아이들만 골라서 가르치려고 한다. 아이들 각자가 가진 잠재력과 가능성을 일깨워주는 교육이 필요하지 않을까.

"통합학교에서는 무얼 배우나요? 일반 아이들이 배우는 것과 똑같나요? 우리 아이들이 교육을 받는 건 누구나 다 사회생활을 잘하기 위해서 아닌가요."

"그렇죠. 저는 무룡이한테 공부를 시키지 않아요. 아니 공부의 내용이 다르다고 해야 하나. 무룡이가 배우는 건 자기 이름 같은 기본적인 쓰기 그리고 더하기 빼기 정도예요. 그런데 무룡이 동생은 정해진 코스에 따라 교육을 받잖아요. 한글을 익혔으면 받아쓰기를 해서 100점을 받아 성과를 보이면 좋죠. 하지만 무룡이는 받아쓰기를 했다는 것만으로도 너무 예뻐요. 동생 웅이가 가끔은 '왜 형은 공부 안 시켜요? 왜 형은 공부 안 해요?'라고 물어요. 기대의 차이가 아이들에게도 다른 세상을 열어주는 거 같아요. 웅이는 입시를 향해 달려가는 거라면 무룡이는 세상을 사는 데 크게 모나지 않을 정도만 되면 좋겠다고 바라는 거죠. 근데 또 어떻게 보면 두 아이의 최종 목표는 자기가 하고 싶은 일 하면서 즐겁게 살기 위한 것이란 점에서 같다고 봐요. 그래도 무룡이 쪽 학부모 모임할 때랑 웅이 쪽 모임할 때 오고가는 정보나 내용들이 너무 달라서 저도 깜짝깜짝 놀라요."

이런 교육 문화 속에서 우리 아이들은 교육의 주체가 될 수 없겠지. 하긴 나도 학교를 다니면서 한 번도 장애가 있는 친구를 만난 적이 없다. 그이들은 다 어디에 있었던 걸까. 입시에 비교적 여유로운 초등학교, 중학교가 장애 아동에게 관대하다면 고등학교에서는 인간에 대한 예의조차 찾아보기 힘들다. 나 역시 입시 대열에 합류하지 못하는 아이들이라면 누구든 떨어뜨릴 준비가 되어 있는 대학 바라기 고등학교를 다녔다. 누구도 이를 문제 삼지 않았고 오히려 열외 친구들을 문제시하는 분위기 속에서 지내왔다. 서는 곳이 다르면 보이는 풍경도 달라진다고 했던가. 내가 '당연'하게 여겨온 시간과 공간이 누군가에겐 선별과 배제의 순간일 수도 있었겠다는 생각이 든다. 모순덩어리 현실 앞에 장애아의 부모가 된 나는 죄인 아닌 죄인이 돼간다.

나만큼이나 힘이 들었는지 집으로 돌아오는 차 안에서 미래는 잠이 들었다. 달래가 올 때까지 시간이 남아 잠시 컴퓨터 앞에 앉았다. 모니터 너머 승윤 엄마의 고군분투기가 이어진다.

"승윤이가 중학교까지는 운이 좋았는데 고등학교는 달랐어요. 정말 학교에서 노골적으로 싫어했어요. 고등학교는 서울대 몇 명 갔다, 무슨 대학에 몇 명 갔다는 게 중요하잖아요. 그러니 공부 안 하는 애들이 오면 방해가 된다고 직접적으로 거부해서 그때는 정말 많이 싸웠어요. 교장, 교감 선생님이랑 학교 관계자분 면담을 하러 갈 때면 고민도 많이 하고 연구도 많이 했어요. 내가 어떤 식으로 말해야 상대방을 설득할 수 있을까, 상대방 기분 상하지 않게 설득하려면 어떻게 해야 할까. 어떤 책에 달달한 거 먹으면서 얘기를 하면 좋다고 나와 있길래 준비해간 적도 있어요. 그런데 교장선생님이 교실이 없어서 애를 받아줄 수 없다는 말도 안 되는 말씀만 하시더라고요. 그래서 직접 학교에 가서 보고 현관 옆 교실을 도움반으로 만들어달라고 했어요. 이동이 불편한 아이도 있으니 입구에서 가까운 곳으로 배정해달라고 한 건데 이번에는 다른 용도로 쓰고 있어서 안 된다고 반대하더라고요. 그럼 독서실을 비어있는 뒷 건물로 옮기고 그 자리에 들어갈 수 있게 해달라고 했더니 그럼 일이 너무 커진다며, 우리더러 뒷 건물로 가라고 했어요. 거기는 체육실, 음악실, 영어실로 몇 개만 사용하고 있었고 굉장히 어둡고 좁았어요. 우리 애들을 거기 둘 수 없으니 독서실을 옮기라고 계속 요구하니 학교는 짜증이 났겠죠. 나도 분리시킬 수 없다고 하면서 법 조항을 들이밀었어요. '물리적인 분리는 차별이고 교실 환경에 대해서도 햇볕이 잘 들고 이동이 용이해야 한다.' 아주 질색을 하시면서 독서실도 햇볕이 안 들기는 마찬가지고 습한데 괜찮겠느냐고 하셔서 '괜찮다. 일단 다른 학생이랑 분리 안 되고 이동이 용이하면 된다'고 했어요. 습한 건 고치면 되고, 특수반 만들어지고 공사하면 교육청에서 돈 다 나오니 학교에서 신경 쓸 거 없다고 선생님들을 안심시켰죠. 법을 많이 아는 것처럼……

그렇게 우여곡절 끝에 독서실에 도움반을 만들었어요. 만들고 나서도 입구의 철문 때문에 학교랑 한참 실랑이를 했어요. 으스스하고 형무소 같기도 해서 학기 초에 철문을 떼달라고 했는데 계속 안 떼주는 거예요. 결국 제가 학교에 가서 교감선생님 지나가시는데 모르는 척 '아니, 이 철문 떼달라고 한 지가 언제인데 아직도 안 떼주는지. 도대체 도움반은 왜 이렇게 살펴질 않는 거냐'라고 큰 소리로 중얼거렸어요. 이런 쇼를 하고 나서야 떼졌죠.

시골에 있는 고등학교라고 해도 애들은 무조건 공부해야 하잖아요. 시험 기간에 우리 아이들이 조금 떠들면 애들이 예민하니까 같은 반 엄마들이나 아이들한테 '시험 며칠 전에는 도움반에 가 있으면 안 되겠냐?'는 민원 아닌 민원이 들어와요. 일일이 다 상처받고 가슴 아파하면 정말 어려워져요."

통합교육이라고 하면서 학교도 선생님도 장애 아이를 같은 학교 학생으로 받아들이지 않는다. 법을 무기로 권리를 주장하며 비집고 들어가보지만 채 한 발을 내딛을 자리가 없어 보인다. 무조건 도움반으로 보내려는 교사, 장애아의 수업 참여에 대해 고려하지 않는 교사가 특별히 나쁜 사람은 아닐 것이다. 어쩌면 그들도 나처럼 살아오는 동안 장애인을 텔레비전이나 신문기사를 통해서만 접했던 건지도 모른다. 교원 양성과정이나 연수과정은 장애(학생)에 관한 교육을 포함하고 있을까. 장애인과 관계를 맺어본 경험이나 정보가 없는 사람들에게 장애인은 이상하고 낯설며 두려운 존재일 수 있다. 게다가 장애를 전혀 고려하지 않은 교육과정은 필연적으로 장애 학생을 소외시킨다. 그 결과 다른 학생들은 장애 학생을 능력이 부족하고 무능한 사람으로 여길 수밖에 없다. 비장애인과 장애인이 함께 교육받지 못하는 것이 장애인 개인의 문제로 귀결되는 현실에서 교육 방식이 적합한지의 여부를 묻는 건 불가능해 보인다.

사람들은 자신을 둘러싼 배경 속에서 영향을 받고 자란다. 외면과 배제 혹은 끼어들기로 점철된 시간은 미래에게, 다른 아이들에게 무엇을 남길까? 장애인이 비장애인과 어울려 살 수 있기를 바라는 마음이 한없이 순진하고 또 얼마나 턱없이 큰 기대인지……서러움이 몰려왔다. 앞으로 내게, 그리고 미래에게 벌어질 일들을 잘 감당해낼 수 있을까. 미래가 마주할 세상이 이렇게 잔인하다면 차라리 그냥 내가 돌볼 수 있을 때까지는 내가 품는 게 좋지 않을까…… 하지만 언제까지? 평생? 난 미래의 엄마지 미래가 아니다. 내게 내 삶이 있듯 미래에게는 미래의 삶이 있다. 미래의 삶이 사회의 편견과 냉소에 움츠러들지 않도록 사람들의 무지와 오만이 지우고 삼켜버린 길을 다시 만들어내고 싶다.

4

숨 쉬는 시간, 살아 있는 날들

엄마가 아닌 나로 살아간다는 것

유해정 씀

이야기 하나,

"나는 하고 싶은 게 너무 많아"

이찬미

드디어 통화가 닿았다. 남은 문제는 약속 잡기가 만만치 않다는 것.

"월요일엔 제주도, 화요일은 광주, 수요일엔 대전 강의고, 목요일은 아침부터 회의라 언제 끝날지 모르겠네. 금요일은 동작구 교육. 어쩌지?"

듣기만 해도 숨이 차다. 일정 사이사이를 쪼개고 붙여 겨우 약속을 잡았다. 긴 가뭄에 가을비마저 반갑던 11월의 어느 날. 영등포의 한 식당에서 그와 마주 앉았다. 주문을 하고 이야기를 나누려던 찰라, 그의 핸드폰이 울렸다.

"아 미안, 급한 거라."

"받으세요."

통화는 예상보다 길었다. 먹음직스럽게 차려진 새빨간 낙지볶음과 흰 쌀밥이 뿜어내던 김이 서서히 사그라들었다. 통화를 마친 그가 민망했는지 이야기를 꺼낸다.

"내가 지금이야 장애인권교육단체에서 일하지만 몇 년 전만 해도 돈을 받고 사주를 봐줬어. 남의 인생을 들여다봤다니까. 노후대책으로 내가 말만 할 수 있으면 우리 딸 끼고 평생 할 수 있을 것 같은데, 마침 함께 공부한 언니가 전화를 했네. 공부하고 싶으면 지금 하라고. 내일이 대학원 원서 마감이래. 아무도 몰라, 애 아빠도, 사무실 사람들도…… 간다면 인생의 모험이지, 모험."

상기된 얼굴로 그가 젓가락질을 시작했다. 불현듯 그의 비밀을 공유하게 된 나는 좋은 기회라고 말했지만 일순간 머릿속이 분주해졌다. '지금 하는 일은 정리하시는 건가? 아이 때문에? 아니면 뭔가 다른……' 앞서 내달리는 궁금증에 내가 먼저 입을 뗐다.

"지금 하시는 활동은?"

"대학원은 토요일 하루만 가면 돼. 딸이랑 슬슬 나들이 간다 생각하며 다녀야지."

"아, 네……"

분망하던 머릿속이 순간 고요해졌다.

"사주 보는 일은 어떻게 시작하신 거예요?"

"내가 전에 원단 장사를 크게 했어. 사기를 당해 주저앉고는 많이 아팠지. 집에 앓아누워 있는데 누가 음양오행 책을 사다준 거야. 그 책을 하루 만에 다 보고는 우리 식구들 사주를 봤어. 재밌더라. 그다음이 뭘까 궁금하고. 본격적으로 명리학 공부를 시작했지. 그때가 9년 전이니, 내가 마흔두 살, 소민이 열 살 때네. 애 4학년 올라가던……"

시간이 과거로 거슬러 오른다. 서둘러 식사를 마치고 카페로 자리를 옮겼다. 낮게 깔린 음악에 커피향이 향기롭다. 찬미 씨는 어렸을 때 어떤 아이였냐고, 어떤 미래를 상상했냐고 물었다. "아, 그런 질문은 언제 받아보고 처음이지?" 하며 웃는다. 평온하고 행복한 얼굴이다.

"어릴 적 꿈은 연극배우나 탤런트였어. 고등학교 때 연극 동아리 활동을 했는데 적성에 맞더라. 끼도 있었던 것 같고. 사람들 앞에 서는 게 좋았어. 내 얼굴로 주연은 못해도 감초 역할은 잘할 수 있을 것 같았지. 취업해서도 틈틈이 연극을 했는데 무명으로 오래하기엔 경제적으로 너무 힘들었지. 결국 접었는데 마음은 정말 오래갔어. 애 키우면서도 오디션 공고 나면 가보고 싶었으니까.

그다음 인생의 목표? 돈을 많이 버는 거였어. 친정아버지 사업이 잘못되니 엄마가 남의 집 가서 아쉬운 소리 하며 울더라고. 남자친구도 군화 거꾸로 신고. 모두 돈 때문이었지. 그때가 스물셋이었는데 계획을 세웠지. 스물넷의 목표, 스물다섯의 목표…… 서른의 목표. 서른이 되었을 때 계획의 80프로는 성취했는데, 정말 허무하더라고. 그때 처음으로 결혼 고민을 했어. 절실했다기보단 주위에서 하도 결혼 안 하냐고, 혹시 문제 있는 것 아니냐고. 엄마도 성화니 오기가 생기더라. 그래서 보란 듯이 결혼하고 애 낳고 나중에 맘에 안 들면 헤어지지 뭐, 그런 생각을 했던 것 같아."

돈을 벌려면 자영업이 최고라 생각해 장사할 여건을 가진 남자를 찾았다. 소개로 만난 지금의 남편은 원단가게에서만 십 년을 일했던 성실하고 온순한 사람이었다. 서른하나, 그는 결혼을 했다. 이듬해 임신을 했고, 딸 소민이가 태어났다. 인생은 그가 세운 계획표처럼 진행되는 듯 보였다.

"내가 괴물이 되고 있더라"

"아이를 낳았는데 아무 반응이 없는 거야. 젖을 물려도 먹지 않고, 손을 포개놓으면 열 몇 시간이 넘어도 계속 그 상태야. 검사란 검사는 다 해봤는데 모든 게 커트라인에 딱 걸려. 의사들이 장애는 확실한데 병명은 모른대. 어떻게 될지 지켜봐야 하지만 오래는 못 산다고, 마음의 준비를 하라고…… 그 소리를 참 지겹게 들었어. 우리 소민이는 백일 사진, 돌 사진도 한 장 없어. 새 옷, 새 신발 한 벌 받아보지 못했지. 가고 나면 다 이런 게 추억이 된다고…… 사람들이 죄다 봉투만 가져왔어……"

병원에서 살았던 1년 6개월. 꿈속의 아이는 늘 아장아장 걸었건만 눈앞의 아이는 콧줄에 의지해 겨우 숨만 내쉬었다. 단 한 번도 상상해보지 못한 장애, 그리고 문턱에서 대기 중인 죽음. 더 이상 해줄 게 없다는 병원에서 퇴원한 후 그는 세상을 향한 문을 걸어 잠갔다.

"며칠간 잠만 잤지. 그때 옆집에 할머니가 살았는데 갓난 아이 있는 집에 울음소리가 안 난다고…… 그 소리가 듣기 싫어 아이를 꼬집어도 봤는데 애가 힘이 없으니까 '엥' 하고 짧게 울면 끝이야. 그땐 그게 그렇게 서럽더라…… 애가 늘 종이인형마냥 누워만 있었어. 하루에 겨우 우유 200미리 정도만 바듯이 먹고. 애가 그러니 엄마라는 사람이 배고프다고 뭘 먹는 것도 미안한 거야. 아이가 잠만 자니까 나도 옆에 누워 자고. 일어났다, 아이 한 번 쳐다보고 다시 자고. 그러고 있으면 무슨 생각이 가장 많이 드는지 알아? 애가 숨은 쉬나? 이러다 죽는 거 아냐? 애가 죽으면 난 살 수 있을까?"

서로의 눈을 응시했던 시선이 갈 곳을 잃었다. 긴 한숨과 함께 찾아든 정적. 그 시간을 어떻게 통과했는지 묻자 "신앙"이라는 답이 되돌아온다. "하느님이 나한테 어떻게 이럴 수 있어"와 "아무 뜻 없이 주신 생명은 없다. 꼭 살려주실 거다"를 하루에도 수백 번 읊조리며 그는 정말 간절히 신께 매달렸다.

"하루는 성당에 갔다 우연히 여고 동창을 만났어. 십 몇 년 만에 봤는데 결혼하고 남편 따라 외국에 나갔다가 향수병에 걸려 돌아왔다고 하더라고. 내가 애가 있다니 우리 집에 와보고 싶다는 거야. 집에 놀러 왔는데 내가 불도 안 켜고 있으니 깜짝 놀라."

"이거 우울증이야 찬미야."

"아냐, 내가 원래 햇볕을 싫어해."

"그 친구가 기도를 해주곤 집에 갔어. 저녁에 다시 들렀는데 알약을 가져왔더라고."

"기분이 너무 가라앉으면 먹어, 찬미야. 너 이렇게 살면 안 돼."

"약을 보니 정신이 번쩍 들더라. '남들 눈에 내가 이렇게 심각해 보일 정도야?' 사실 나는 내가 우울증인지도 몰랐어. 그냥 햇볕이 싫다, 애랑 나랑 둘이 집에 있는 게 제일 편하다 그랬는데 우울증이라니…… 그 후로 그 친구가 우리 집에 자주 왔어. 내가 정말 고마운 게 그때가 소민이가 18개월이었거든. 근데 혼자 카시트에 앉질 못하니 내가 꼼짝을 못하는 거야. 치료를 받으러 다닐 수도 없고. 그때 그 친구가 내가 가고 싶다는 곳은 다 함께 다녀줬지."

달리 부탁할 사람이 없었냐고 묻자 고개를 흔든다. 혼자 목을 가누지도, 앉지도, 걷지도 못하는 아이와 그 엄마인 자신이 남들 눈에 측은하게 보이는 게 싫었다고 했다. 사람들에게 소민이는 늘 10개월 된 아이였다. 한 살이 넘었으나 여전히 작고 근력이 없었을 때도, 두 살이 되어 살이 올랐으나 여전히 걷지 못했을 때도, 몇 개월이냐는 사람들의 질문에 엄마는 늘 10개월이라고 답했다. 최고로 좋은 유모차를 사고, 아이 옷값으로 하루에 200만 원을 결제하기도 했다. 머리부터 발끝까지 명품으로 치장해 아무 탈 없는 듯 세상에 선보였지만 누가 봐도 아픈 아이였다. 쇼핑을 마치고 집에 돌아와 쇼핑백들을 집어던지곤 눈길조차 주지 않은 적도 있었다.

소민이가 병원과 거리를 둘 만큼 좋아진 건 만 네 살이 넘은 뒤였다. 그즈음 소민이는 장애인 등록을 했다. 뇌성소아마비로 추정됐기 때문이다. 일곱 살이 되었을 때 소민이가 걷기 시작했다. 하지만 그 해 엄마는 소민이의 정확한 병명이 프래더윌리증후군이라는 것을 알았다. 발달장애를 동반하면서도, 아이였을 땐 음식을 삼킬 힘도 없이 자라다 어느 순간 무섭게 음식에 집착하는, 그래서 고도비만과 합병증으로 목숨을 위협받는 희귀성 난치병. 소민이는 그중에서도 가장 상태가 나쁜 편이었다. 나락에 떨어지면 이런 느낌일까? 그에게 세상은 한 치 앞도 보이지 않는 암흑 같았다.

"처음 프래더윌리증후군 모임에 갔는데 충격이 대단했지. 애가 열일곱 살인데 몸무게가 100킬로야. 그때 그 엄마가 뭐라고 했는지 알아? 여러분은 제가 애를 못 봤다고 하겠지만 나도 아이가 이렇게 살이 찔지 몰랐다. 내가 애를 가둬놓고 키울 수는 없지 않냐, 냉장고에 자물쇠 채워놓으면서. 애 삶도 중요하지만 내 삶도 중요하다. 그 말을 듣고 다른 엄마들이랑 욕했지. 지 삶이 중요하냐, 애가 더 중요하지. 죽어도 나는 저런 엄마는 안 되겠다고 했어. 근데 어느 순간 그 엄마 말이 다 이해가 되더라. 아이와 씨름하다보니 내가 괴물이 되고 있더라고. 먹지 말라는, 하지 말라는 말만 하는 괴물. 숨 쉬는 것 빼곤 다 엄마에게 허락받아야 하는 우리 딸을 엄마라는 이름하에 내 맘대로 만드는……"

　고통과 자책으로 뒤엉킨 시간들. 그 속에서 그의 숨통을 틔어준 것은 일과 돈이었다. 소민이 두 살 때 남편이 원단가게를 개업했다. 월급만으론 소민이 병원비를 감당할 수 없어 재촉한 걸음이었다. 가게는 대박이 났다. 돈 셀 틈도 없이 바쁘다는 남편의 하소연에 그가 잠깐씩 가게에 나가기로 했다. 때마침 소민이도 건강을 되찾은 터라 친정 부모님의 손을 빌렸다.

　"원단 장사는 디자이너들을 상대해야 하는데, 나는 그게 체질인 거야. 내가 남편보다 수완이 좋으니까 어느 순간 가게에 오래 붙어있게 되더라고. 결혼 후 5~6년간 잊어버렸던 나 자신이 거기서 느껴지더라. 아이랑 떨어져 있으니 숨통도 트이고…… 참, 지금 생각해보면 장애 아이가 있다는 걸 숨기고 싶었던 것 같아. 밖에서 일하는 시간만큼은 누구도 나를 장애아 엄마로 보지 않았으니까……

　돈도 필요했어. 사주 보면 애 살았냐고 그래. 태어나서 2년 안에 하늘나라 갈 아이였는데, 현대의학이 살렸지. 진료를 잘 봤다는 게 아니라 돈이 있었기 때문에 병원에서 키워준 거지. 면역이 약해서 중환자실 아니면 1~2인실에서만 살았어. 퇴원 후에도 이틀 걸러 병원에 갔으니 병원비가 어마어마했지. 애가 감기만 오면 폐렴으로 번지는데, 숨이 가빠 당장이라도 죽을 것 같았어. 집에 산소 호흡기라도 있음 좋겠다 싶어 알아보니 200만 원 정도 하더라. 그것만 사면 집에 웬만한 의료장비는 다 갖춘 거였어. 100만 원 넘는 성장호르몬도 아끼지 않고 맞혔어. 그게 비만도 방지하고 근력을 생기게도 한다니까 거르지 않았지. 그땐 정말 애한테 돈으로 할 수 있는 건 다했던 것 같아. 아쉬운 게 없었지.

그런데 2004년부터 장사가 좀 주춤하는가 싶더니 사기를 당해 싹 망했어. 친정엄마한테 빌리고 있는 돈을 탈탈 털어도 한 달에 100만 원이 넘는 주사를 맞힐 길이 없더라. 그걸 못하는 게 부모로서 너무 미안한 거야. 당장이라도 애가 죽을 것 같고…… 소민이 주사 맞힐 길을 찾다 2005년 12월에 기초수급자가 됐어. 수급자증 받을 때는 길어야 3년이다, 3년 후엔 재기할 수 있다 생각했는데, 그게 벌써 10년째네……"

"투명인간은 되고 싶지 않았어"

퍼즐이 조금씩 맞춰졌다. 온 식구가 심하게 앓았던 그 무렵 그는 사주 책을 손에 들었고, 명리학을 배우며 꼬여만 왔던 자신의 인생을 엿보았던 것이다. 이야기는 쉬지 않고 이어졌다.

"사주카페에서 일하다 돈 벌 욕심에 빚을 내 사주카페를 차렸지. 그때 나는 사주 보는 게 너무 신났어. 인생 상담하면서 나도 치유가 되니까. 모든 사람들이 다 말하지 않은 아픔이 있더라고. 피고름이 안 나는 상처도 없고······ 돈도 벌고 일은 신나는데 사주 장사는 밤 장사잖아. 새벽 1~2시에 끝나니 소민이 돌볼 시간이 없더라고. 시어머니가 집에 와 계시긴 했지만 애 아빠도 대리운전 하러 나가니 결국 둘 다 밤에 일하는 건 아니다 싶어 내가 카페를 접었지."

소민이가 장애인으로 당당하게 살 수 있도록 돌보는 것 역시 매우 중요하다며 마음을 다잡았다. 하지만 투명인간이 될까 두렵기도 했다. 많은 장애아 엄마들이 가족의 틈바구니에서 투명인간처럼 살지 않던가. 소민이와 함께, 그러나 '이찬미'로 살 수 있는 일들을 시작했다. 함께 다이어트 웃음치료를 수강하며 웃음치료를 배웠고, 사회복지학 공부를 시작했다. 종종 소민이 학교 엄마들과 집회에 나가기도 했다. 첫 집회는 충격 그 자체였다. 쇠사슬을 몸에 두른 중증 장애인들이 경찰과 몸싸움을 벌였던 것이다. 장애운동단체 활동가들이 중증 장애인들을 이용한다는 생각에 진저리가 쳐졌다. 하지만 중증 장애인들과 말을 섞으며 그게 그들의 신념의 발로임을 알았을 때, 적의는 호의로, 신기함은 호기심으로 바뀌었다. 때마침 장애운동을 하는 단체에서 자원봉사 제의를 받았다. 소민이 키우는 데도, 사회복지 파트 경력에도 좋은 경험이 되겠다 싶어 "아주 얇은 마음으로" 오케이를 했다. 하지만 슬쩍 발을 담갔을 뿐인데 장애운동 쪽 사람들의 삶이 강력하게 그를 잡아당겼다. 마음은 그쪽으로 내달리는데, 일상에선 돈 한 푼이 아쉬웠다. 계산기를 아무리 두들겨봐도 돈을 벌려면 장사를 해야 할 것 같았다. 아무 데나 좌판을 깔고 노점을 할 자신도 있었다. 그런데 벗어나지지 않았다. 명리학을 가르쳐준 사부에게 달려갔다. 사부의 답은 명쾌했다. "그쪽은 돈하고는 거리가 멀어. 니 사주는 돈 욕심이 많은 사주라 길어봤자 2년도 안 있겠네." 하지만 그는 4년째 이 길에 서 있다. 삶의 우선순위도 바꾼 채 말이다.

"2011년 12월에 본격적으로 장애인권교육을 시작했는데 그땐 정말 완전 미쳐서 다녔어. 친구들이 네가 계속 할 수 있겠냐고 그러는데, '야 거지 같은 삶도 얼마나 멋있는지 아냐. 그 안에서 나오는 색깔은 무지갯빛이야'라고 했지. 친구들이 완전 놀랐어.

뭐가 그리 좋았냐고? 여기 사람들이 그동안 내가 살았던 것과 완전 다른 삶을 살잖아. 신기하고 낯설기도 했는데, 같이 교육 다니고 공부도 하면서 내가 정말 많이 깨졌어. 이게 사람 사는 느낌이구나 싶고, 성격도 행동도 많이 변했지. 예전의 나는 내 마음대로 안 되면 정말 짜증을 많이 내는 사람이었어. 그리고 사회적 시선에 예민하고 민감한 무섭고 병든 엄마. 소민이한테 내가 없는 세상에서 살려면 이런 거는 극복해야 해, 그러고는 지키고 서 있는 엄마였지. 물론 지금도 그러긴 하는데, 멀리 떨어져서 너는 할 수 있어, 하며 지지해주는 식으로 좀 바뀐 것 같아. 기회와 경험을 주고 응원하는 엄마가 된 거지. 그래서인지 소민이도 몰라보게 변했어. 뜨거운 커피도 혼자 탈 줄 알고, 가끔이지만 먹는 것도 조절하고. 그걸 보고 있으면 기쁘다가도 혹시 나 때문에 소민이가 놓친 게 많지 않나 두렵기도 하고……

변화가 느껴지니까 돈보단 내 삶을 어떻게 살지가 더 중요해지더라. 그래서 지금 하는 일은 내가 사람같이 사는 것 같아서 하는 거야. 또 소민이에게도 좋을 것 같고. 여기 와보니 장애가 심한데 독립해 혼자 사는 사람도, 결혼해 아이 낳고 키우는 사람도 있더라고. 그걸 보니 소민이도 혼자 살 수 있지 않을까 하는 희망이 생기고. 사람들이 발달장애에 대해 너무 모르니 내가 할 일이 분명해지더라고. 또 소민이가 지역사회에서 살려면 정책과 사람들의 인식을 바꿔야 하는데 그 일에 내가 한몫 거둘 수 있다면 정말 의미 있지 않을까 싶고. 사람 일은 아무도 모르잖아. 내가 갑자기 죽게 된다면 여기 사람들이 우리 소민이를 살펴줄 거란 확신도 들더라. 친정이나 시댁 식구들보다 나을 것 같고…… 난 지금 내가 하는 일이 연봉 1억을 받는 일과 같다고 생각해."

"아빠들도 우리와 같을까"

일을 향한 열정과 확신. 그러나 지천명이라는 오십 고개를 넘고 있건만, 그는 여전히 인생을 어떻게 살아야 할지 모르겠다고 했다. 사회가 요구하는 엄마의 부재에 대한 도덕적 호출, 그로 인한 갈등 때문이다.

"명절 때 친한 언니한테 문자가 왔어.

'소민이는 잘 지내? 요즘 몇 킬로 나가니?'

'킬로 수는 중요하지 않아. 그랬음 내가 일 안 하고 소민이랑 운동만 하고 살았지.'

'너 일 열심히 하는 건 좋은데, 엊그제 소민이 보니까 너무 많이 쪘더라. 이제 애도 좀 신경 써라. 그러다가 우리 애들 당뇨 오면 큰일이다.'

그 말을 듣는데 얼마나 슬픈지 알아? 소민이가 지금 106킬로야. 내가 여기서 일한 지난 4년간 30킬로가 쪘어. 엄마가 봤으면 최소한 유지는 되거든, 사실이 그래. 무서워서 소민이랑 병원에 안 간 지 6개월째야. 당뇨 수치가 커트라인에 왔다고 하면 열 일 제쳐두고 치료에 매달려야 하니까, 두렵지. 일을 그만둬야 하는 것도, 엄마의 방임으로 그렇게 된 게 아닐까 싶은 죄책감도…… 또 우리 소민이는 외모로 드러나잖아. 엄마가 잘 봤는지가 바로 평가되잖아. 그러니까 아는 사람들 속에 소민이랑 함께 있는 게 겁나. 그저 난 아이를 낳으면서 잃어버린 나란 존재를 찾고 싶었고, 이찬미로 살고 싶었을 뿐인데……

지난 주말에 엄마가 전화를 해서 그래. 박 서방도 많이 말랐고, 소민이도 좀 챙기라고. 니가 뭐하는지는 모르겠지만 정신줄 놓지 말고 다 잘해야 한다고. 내가 '엄마, 이 세상에서 원더우먼 같은 딸은 없어. 내가 일을 그만뒀음 좋겠어?' 그랬더니 우리 엄마도 말을 바꾸는 거야. '나는 또 니가 일을 안 해도 문제다. 나는 니가 우울할 때를 봤잖니……'

전화 끊고 우리 남편을 봤지. 이 사람도 많이 상하고 늙었더라. 남편이 올해로 대리운전 딱 10년째야. 낮밤 바꾼 지 10년. 내년부턴 당신도 당신 인생을 살라고 했더니 남편이 자기는 괜찮대. 다만 내가 요즘 너무 내 일에만 빠져 있는 것 같다고. 뭘 하든 애와 가정이 먼저지 않겠냐고 하는데, 한 방 먹었지. 남편도 너무 지쳤나봐.

하도 답답해서 소민이 친구 엄마들한테 하소연을 했어. 내가 몇 년 바짝 붙어서 보면 소민이가 좋아지지 않겠냐고. 그랬더니 한 엄마가 그래. 언니가 소민이한테 올인하는 것 자체가 가족 모두에게 또 다른 스트레스가 될 것 같다고, 좋은 선택이 아니라고. 그 말이 참 위로가 되더라."

긴 한숨을 내뱉곤 한참을 머뭇거리던 그가 내게 물었다.

"내가 너무 이기주의자 같지? 다른 엄마들은 어때? 나 같은 고민을 하나?"

쉽게 답을 하지 못하다 다르게 물었다.

"아빠들도 같은 고민을 할까요?"

"아니."

일초의 망설임도 없다.

"근데 왜 그런 생각을 하세요?"

155

"난 엄마니까. 내가 너무 나만 생각하는 것 같아서 미안해. 사람들은 집을 편안함이라고 하는데 나한테 집은 우울함이야. 아무것도 안 하고 싶은 공간이지. 내가 얼마 전 남편한데 그랬다. 당신은 결혼한 거 후회 안 하냐고, 나는 후회한다고. 나는 배우고 싶은 것도, 하고 싶은 것도 너무 많다고, 그게 간절하다고…… 해정 씨가 봐도 내가 너무 나만 많이 사랑하지? 아…… 너무 미안해."

시계 바늘이 저녁 8시 반을 향했을 때, 인터뷰가 멈췄다. 남편과 교대해 그가 소민이를 돌볼 시각이다. 헤어지며 내년의 목표를 묻자 "일에서 열정을 빼는 것"이라는 답변이 돌아온다. 일에서 자신이 살아 있음을 확인한다는 엄마의 서글픈 계획. 종종걸음을 재촉하며 사라지는 그의 뒷모습에 나의 모습이 겹쳐졌다. 나 역시 엄마가 된 후로 '실종'을 경험하고 있다. 육아의 일상 속에서 나를 잃지 않기 위해 버둥거렸지만, 경력도 사람들과의 관계도 단절됐다. 나는 위축됐고 사그라들었다. 때론 분노해 엄마의 육아와 가사노동이 제대로 셈 쳐지지 않는다며 핏대를 세웠다. 아빠의 육아는 박수 받으면서, 엄마의 일은 왜 도덕적 단속과 '남편 잘 만난 여성'의 자리에 놓여야 하냐며 울분을 토하기도 했다. 그래서 일을 향한 그의 목마름은 나의 목마름이기도 했다. 그의 우울은 비장애아의 엄마, 나의 우울이기도 했다. 엄마에겐 고르지 않게 흘러가는 시간들 속에서 삼켜지지 않는 한숨이 몰려왔다.

이야기 둘,

"일 하나는 꿋꿋이 지켜온 것 같아요"

김은주

　이찬미 씨가 사회적인 일, 자신을 온전히 사랑하는 일 앞에서 서성이고 흔들리고 있다면, 수연이 엄마 김은주 씨는 큰 고비를 넘은 듯 보였다. 그에게서 실마리를 찾을 수 있을까?

　지인의 소개로 만난 은주 씨의 첫 인상은 단정하고 노련한 직장 여성 같은 느낌이었다. 차분한 말투와 질문의 의도를 헤아리는 영민함, 그리고 간간이 느껴지는 단호함까지. 하지만 그는 수연이를 키우면서 가끔 자신이 이중인격자가 된 건 아닐까 하는 생각을 종종 한다고 했다. 겉으론 평온한 듯 보여도 수도 없이 변하는 감정의 굽이굽이를 넘는 것이 이 땅에서 장애 자녀를 둔 엄마로 살아가는 일이 아닐까. 접어드는 그의 말끝이 그리 말하는 듯했다.

　"수연이는 참 재밌어요. 소풍을 가면 애들 김밥은 자기가 다 싸

가야 한다고 하고, 자기가 보기에 좀 삐뚤어진 친구가 있으면 도 와줘야 한다고 하고…… 성향이 유쾌하고, 유머감각도 좋고. 사 회문제에도 관심이 많아요. 노무현 대통령 돌아가셨을 땐 울었다 니까요. 하지만 신경질도 잘 내요. 밥도 흘리고 먹고, 가끔 용변 뒤 처리도 못하고…… 그럴 때는 슬프고 짜증나죠. 속이 상해 울 때 면 수연이가 옆에 와 물어요. '엄마 나 때문에 화났어? 울지 마.' 그 럼 정말 다 풀려요. 그렇게 기쁘다가도 슬프고, 슬프다가도 기쁘 고……"

엄마의 눈이 반짝이다가 슬퍼지기를 반복한다. 김연아처럼 예 쁜 몸과 뽀얀 피부를 가졌다는 열다섯 살 소녀 수연이. 올해 마흔 셋인 엄마는 스물일곱에 캠퍼스 커플이었던 남편과 결혼해 2년 뒤 수연이를 낳았다. 하지만 계획된 임신도, 임신할 처지도 아니었 다. 직장을 옮긴 직후였기에 임신과 출산은 '민폐'가 되는 상황이 었다.

"그때만 해도 여자들이 일하면서 임신하고 출근하는 게 많이 어 려웠어요. 산전후 휴가도 두 달밖에 안 됐을 때니까요. 낮잠은 막 쏟아지고 몸은 힘든데 회사에 말을 못했어요. 어느 날은 새벽 2시 까지 야근을 하는데 도저히 안 되겠더라고요. 팀장에게 말했죠, 임 신 5개월이라고. 늘 그게 수연이한테 제일 미안해요. 혹시 그것 때 문에 장애가……"

태아의 장기 형성에 큰 영향을 미친다는 임신 초기. 그는 쉼 대신 고된 노동을 감내해야 했다. 그래서 수연이의 성장에 이상이 감지됐을 때 그는 더욱 불안했다. 처음에는 그냥 애가 좀 늦나보다 생각했는데 백일이 지나도 아이는 목을 가누지 못했다. 남들보다 늦게 기었고, 한참 애를 태우다가 두 살이 다 되어서야 비로소 걷기 시작했다. 의사가 24개월까지는 평범하게 키우라고 했지만 만두 살이 지난 뒤에도 수연이는 달라지지 않았다. 매일 인터넷을 뒤지고 상담 글을 올렸다. 수많은 정보들에 장애일 거다, 아니다를 반복하며 좌절하다 침착해졌던 무수한 시간들. 네 살 때, 수연이는 치료를 시작했고 장애 진단을 받았다. 엄마는 "장애를 받아들였다"고 말했지만 이 여덟 글자에 담긴 절망과 고통 그리고 다짐의 무게를 누가 가늠할 수 있을까.

일을 계속하기로 마음먹다

"수연이가 장애 진단을 받았을 때 제게 가장 힘들었던 것 중 하나가 제 일에 대한 결정이었어요. 아이의 장애는 바뀔 수 없는 현실이니 엄마로서 뭘 해야 할지 고민이 깊었죠. 당시 가장 인상 깊었던 건 다운증후군이 있는 아이를 일반 고등학교에 보내 '평범한' 아이로 키운 엄마였어요. 한창 그런 사례들이 많이 회자됐죠. 엄마들이 희생해서 아이들을 가르치고 성공적으로 키워낸…… 독한 엄마들…… 복지관에서 만난 엄마들도 아이에게 올인했어요. 특히 네다섯 살 된 아이 엄마들은 시간이고 돈이고 아이한테 완전히 쏟아 붓더라고요. 자극이 됐어요. 나는 너무 나태한 거 아닌가 싶고……"

만나는 사람마다 직장은 언제 그만두냐고 물었다. "애가 이런데 빨리 그만둬야죠"라고 답하곤 했지만 뒤돌아 생각해보면 발달장애아를 키운다는 건 끝을 알 수 없는 마라톤 같았다. 초반에 체력이나 에너지를 다 소진하면 어떻게 버틸까, 과연 그게 옳을까 싶었다. 각자 처한 환경이 다르다는 점 역시 결정을 머뭇거리게 했다.

"'가족이 행복하지 않으면 아이도 행복할 수 없다'는 게 제 나름의 철칙이에요, 지금도 그렇고요. 저는 시부모님과 같이 살아야 하는 환경인데 제가 회사를 그만두고 아이한테만 집중하면, 어른들과 젊은 사람들의 양육 방식이 다르니 가족 간에 불협화음이 날 것 같았죠. 또 제 스스로가 모든 걸 내려놓으면 저도 가족도 불행할 것 같더라고요. 그래서 조금씩 다 양보를 하자. 나도 조금 양보할 테니까 남편도, 부모님들도 양보하고. 수연이도 조금 양보해야 하지 않을까. 다른 애들 엄마가 열 시간을 치료에 매달린다면 저는 그 반밖에 해줄 수 없지만 그 시간을 수연이가 양보하는 게 장기적으로 보면 마이너스가 아닐 수 있다고 생각했어요.

또 사회가 장애 가정을 책임지지 않으니 부모의 경제적 기반도 중요할 것 같았죠. 여자들은 대게 일적인 면에서 40대 초반까지가 피크잖아요? 한창 일을 잘할 때이기도 하고 능력이나 경험도 풍부할 때고. 정점인 시기를 놓치고 경제적인 걸 포기하면 손실이 너무 클 것 같았죠."

'일할 수 있을 때 일하자'고 생각했지만 '치료에도 다 때가 있다'는 말 역시 흘려듣기엔 상황이 너무나 절실했다. 선택의 갈림길에서 한참을 서성이다 일을 계속하기로 마음먹었다. 그는 출근길, 퇴근길마다 되뇌었다. "내가 내린 판단이니까 그게 최선일 게다. 사람마다 행복을 만드는 기준은 다르니까." 그의 결정을 가족들이 함께 받아들이고 일을 나누었다.

"친정엄마는 딸이 장애아의 엄마로만 사는 게 싫었던 것 같아요. 수연이가 일곱 살 될 때까지 친정엄마가 키워주셨죠. 수연이어린이집이 친정 근처라 여섯 살 때까지 엄마네 집에서 키우고 제가 친정과 어린이집, 직장과 본집을 오갔어요. 일이 많아 친정에서 자지 못하는 날엔 낮에 잠깐씩 수연이를 보고 오기도 하고. 엄마가 수연이 뒷바라지를 다하셨죠."

남편은 수연이의 장애를 늘 덤덤하게 받아들이는 듯 보였다. 무슨 일이 있을 때마다 "어쩌겠어, 우리가 잘 키우면 되지" "수연이랑 함께 농사지으며 살자"라는 말들로 긍정의 힘을 북돋아주었다. 육아도 게을리하지 않았다. 다행히 부부가 서로 일하는 시간대가 달랐던 게 큰 도움이 됐다. "제가 밑그림을 짜면 남편이 주중에 복지관이나 치료받는 데 데려가주고 수연이랑 놀아줬죠. 남편이 평일에 많이 움직이다보니 주위엔 남편이 모든 양육을 다 한다는 소문이 나기도 했어요. 어린이집에서 상도 받았다니까요. 아빠들은 조금만 해도 사회적으로 박수받는데, 억울하죠, 기분도 나쁘고. 근데 저도 박수 쳐요, 그래야 더 잘하니까……"

집안일은 시어머니가 도맡아해주셨다. 나이 많은 옛날 분이라 일상에서 소소한 갈등도 있고, 가끔 속상하실 때면 "저런 애가 어디서 나왔을까"라며 은주 씨의 속을 긁기도 했다. 하지만 수연이의 장애를 "너네 팔자지"라며 받아들이고 궂은 집안일을 마다치 않으셨기에 그는 늘 시어머니가 고마웠다.

가족들의 지원이 있기에 버틸 수 있었지만 정말 목구멍까지 숨이 탁탁 차오르던 하루하루였다. 특히 수연이가 일곱 살 되던 해, 친정엄마가 더 이상은 힘들다며 알아서 하라고 했을 땐 얼마나 서럽던지. 나이 든 엄마에게 장애가 있는 손녀딸을 맡긴 미안함 그러나 길이 보이지 않는 막막함에 울기도, 싸우기도 많이 했다. 주위에 수군거리는 사람도 많았다. 비장애아를 키우면서도 일을 병행하긴 쉽지 않은데 하물며 어린 장애아를 둔 워킹맘이라니.

심지어 그의 회사 동료들은 아직도 그에게 장애 자녀가 있는지 모른다. 장애 자녀를 키우는 엄마에 대한 차별적 시선을 받기도 싫을뿐더러 직장에서만큼은 온전히 '김은주'로 평가받고 싶어 말을 하지 않았다.

"특별히 숨기려고 했던 건 아니에요. 제가 좋아하는 상사가 일

전에 '장애아를 둔 아랫집 여자가 되게 화려하게 하고 다녀'라고 말한 적이 있어요. 그 엄마는 그냥 화려한 여자일 수도 있는데 색안경을 끼고 보더라고요. 또 '애가 장애가 있어서 출근이 늦나 봐' '애가 장애인인데 이렇게 나와서 돈을 벌어야 돼?' 이런 평가를 받기가 싫었어요. 그건 지금도 마찬가지고요. 이런 얘기하면 정말 한도 끝도 없이 우울해져요."

기다리라는 말의 폭력

그래도 지난 시간을 되돌아보면 자신은 정말 운이 좋은 편에 속했다고 그는 생각한다. 수연이가 잘 버텨주기도 했지만 중요한 시기마다 필요한 사회적 지원들을 '운 좋게' 사용할 수 있었기 때문이다.

"수연이 때만 해도 통합어린이집도, 장애 아이를 받아주는 어린이집도 손가락 안에 꼽을 정도였죠. 근데 정말 운 좋게 수연이가 전국에서 최초라는 통합 어린이집에 다니게 됐어요. 대기를 걸어놓았는데 입학 이틀 전에 마침 딱 한 자리가 비었다고 연락이 온 거예요. 그 어린이집에서 보낸 2년 동안 부모의 시름이 백이라면 오십으로 확 떨어졌어요. 일하는 동안 장애의 시름을 잊을 정도로 잘 돌봐줬죠. 그걸 보면서 처음으로 사회시스템만 잘 갖춰지면 엄마들이 이렇게까지 힘들진 않겠다는 생각을 했어요.

그리고 활동보조인 서비스는 정말 획기적인 거예요. 단순히 국가에서 비용을 대준다, 서비스를 지원한다가 아니라 부모가 아이로부터 자유로울 수 있는 시간을, 틈을 만들어주더라고요. 부모의 사회 진출도 돕고. 저는 그게 수연이 초등학교 입학할 때 만들어져서 그 덕을 많이 봤어요. 운이 좋았죠. 사실 사회적으로나 경제적으로 제일 중요한 시기에 아이한테 올인하다보면 경제적으로 힘들어지고, 심적으로도 피폐해지고…… 이게 톱니바퀴처럼 맞물려서 부부 사이가 안 좋아지고, 그러다 가정이 두 동강이 나면 아이는…… 부모가 사회적, 경제적으로 숨을 쉴 수 있도록 국가가 지원한다면 장애아를 둔 부모들도 훨씬 양질의 삶을 살 수가 있어요."

그는 운이라고 말했지만 결국 그가 말하고 싶었던 건 사회시스템에 대한 것이었다. 발달장애인과 그 가족의 삶이 '운'에 따라 크게 좌우된다는 이야기는 결국 그들을 지원할 사회시스템이 제대로 설계, 작동하지 않는다는 말이기 때문이다.

그는 세상살이가 힘들고 속상한 일이 생길 때면 남편이랑 소주 한잔하며 풀곤 했다. 친구들이 생각나기도 했지만 친구들은 장애 자녀를 키운다는 것의 의미를 잘 이해하지 못하는 것 같았다. 아이가 장애 1급을 받았다고 했을 때, 많은 친구들의 반응은 "너는 무슨 엄마가 애를 장애아로 만들려고 그려냐"는 것이었다. 맞닿을 수 없는 거리가 생겼다. 그러면서 그는 더욱 내 가족, 아이 그리고 일에 매달렸다. 특히 수연이가 장애 판정을 받은 때부터는 더욱 그랬다. 그런 의미에서 그에게 일은 더욱 특별해 보였다. 그는 오랫동안 회사에서 글을 쓰는 일을 해왔다. 어렸을 때부터 장래 희망란에 늘 '작가'를 적곤 했던 그였기에 그의 직업은 오랜 그의 꿈과 맞닿아 있는 듯 보였다. 그에게 일은 어떤 의미냐고 물었다. 그의 눈빛이 다시 반짝인다.

"저는 아이들 키우고 살림 잘하는 스타일이 아니라는 걸 제가 빨리 파악했어요. 정리를 아무리 해도 정리를 못하는 스타일? 그러면 일이라도 잘하자 그랬죠. 일에서 오는 성취감이 컸어요. 그래서 지난 15년을 어떻게 살았나 뒤돌아보면 일 하나는 꿋꿋이 지켰다는 생각이 들어요. 어떻게 보면 가장 몸값이 높은 시기에 직장생활을 했기 때문에 경제적으로 고통받지 않았죠. 돈도 돈이고, 아이 키우는 것도 정말 중요하지만, 가령 내가 일을 놓는다면 과연 행복할까? 나 자신까지 포기한다는 게…… 아닌 것 같아요. 엄마의 삶이 있어야 가족의 삶도 살아지는 것 같거든요."

그는 인터뷰의 마지막 순간까지 엄마의 사회적 일을 열렬히 응원했다. 그리고 가족과 사회의 지원을 요청했다. 그가 해냈기 때문이 아니라 지금도 그 고비를 수없이 머뭇거리고 서성이며 넘고 있기 때문이다. 변덕스러운 선의와 운에 기대기에는 엄마도, 아이도, 가족도 살아내야 할 시간과 세상이 녹록지 않기 때문이다. 기다리라는 말은 이제, 사양이다.

이야기 셋,

"미래를 설계할 시간이 필요해요"

이유진

"여기예요." 하음이 엄마 이유진 씨가 반갑게 손을 흔든다. 비 오는 초행길에 한참을 헤매다 그를 보니 더욱 반갑다. 하음이 유치원 하원 길에 시간이 남을 때면 종종 애용한다는 작은 카페 안으로 들어섰다. 테이블 위엔 그가 먼저 주문한 커피와 무언가 열심히 읽은 흔적이 보인다. 뭘 그리 열심히냐고 물으니 대본 연습을 한단다. 맞다. 지난번 연락했을 때 그는 미혼모들의 이야기를 주제로 한 연극무대에 선다고 했다.

"꼭 놀러 오세요. 잘하진 못하지만요."

서른둘 엄마의 웃음이 활기차다. 요즘은 어떻게 지내냐고 묻자 짬짬이 아는 형부의 커피집에서 아르바이트를 한단다. 미술전에 초청돼 다른 미혼모들과 함께 성과 관련한 작품 전시를 구상 중이라는 유진 씨. 바쁘다는 그의 하소연이 내겐 "행복해요"라는 말로 들린다. 오지랖 넓게 기분이 좋아진다.

나는 발달장애 자녀를 키우고 있는 인터뷰이를 찾던 중 반년 전 그와 처음 만났다. 한 여성단체가 주관한 여성 일자리 관련 토론회 기사를 보며 그의 이야기가 궁금해 수소문을 하기 시작했지만 과연 만나질까 싶었다. 장애 자녀를 키우는 미혼모. 세상이 그를 설명하는 수식어였고, 솔직히 나 역시 그 점에 끌렸지만 머뭇거림 역시 깊었다. 나의 시선이 불쾌한 호기심이 되지 않을까 하는 걱정과 서성임 때문이었다. 기대 반 걱정 반으로 시작된 구애는 많은 사람들의 도움으로 다리가 놓이면서 성사됐다. 첫 만남에 적잖게 긴장했던 탓인지, 오랜 시간이 흘렀건만 지금도 처음 그를 만났던 카페의 풍경, 그의 옷차림과 말투, 심지어 주문했던 음료까지 다 기억이 난다.

인터뷰 취지를 설명하는 내게 유진 씨는 자신의 사례는 다른 엄마들과는 많이 다를 것 같다고 말했다. 하지만 인터뷰를 거절하진 않았고 첫 만남은 네 시간 넘게 이어졌다.

태어난 지 백일 만에 이름을 짓다
─────────────

"하음이는 복합장애가 있어요. 크게는 세 개예요. 처음 태어났을 때 심장이 약간 기형인데다가 횡경막에 구멍이 있어서 경기부터 질병이 많았어요. 그리고 구개구순열이라고, 흔히 언청이라고도 하는데 인중도 없고, 입천장도 전혀 없는 상태였죠. 지금은 수술받고 많이 좋아졌는데 애가 성인이 될 때까지는 입천장과 잇몸, 입술을 성장 단계에 맞춰 조금씩 만들어줘야 한대요. 이빨도 뭉그러지며 나서 지금 네 살인데도 아직 씹질 못해서 제가 음식을 믹서기에 갈아서 주사기로 넣어줘요. 마지막이 발달장애예요. 하음이는 갓난아이 때부터 수술을 많이 받았어요. 매번 전신마취를 했는데 그 부작용으로 발달이 좀 늦을 수 있다고 했거든요. 근데 만 세 살이 지나도 기지도, 서지도 못하고 그냥 굴러만 다니니까 의사 선생님도 이 정도면 문제가 있다고 하더라고요. 검사를 받았는데 발달장애라는 거예요. 미치겠더라고요. '아, 이게 평생 가는 거구나' 싶은 게……"

그가 이제 막 첫 입을 떼었을 뿐인데 가슴이 철렁 내려앉는다. 아이에게 발달장애 이외에 다른 질병이 있을 줄은 생각지도 못했다. 최대한 평정심을 유지해보지만 이럴 땐 어떤 표정을 지어야 할지, 다음 질문은 어떻게 이어야 할지 도무지 익숙해지지 않는다. 하지만 그의 표정엔 큰 변화가 없다. 그가 핸드폰을 뒤적거리더니 하음이 사진을 내민다. 사진 속 아이는 올망졸망하니 예쁘다. 고운 얼굴선에 큰 눈망울, 속눈썹도 길다. 입술 주변도 수술한 티가 크게 나지 않는다. 순간 안도의 숨이 쉬어진다.

"속눈썹이 되게 길죠? 사실 그것도 질병이에요, 가부키증후군이라고. 그게 있으면 발달장애랑 경기가 같이 온다는데 아직 치료 방법은 없다네요. 아이 속눈썹이 이렇게 길게 자라 매번 잘라줘요."

그가 손가락으로 핸드폰 화면을 쓱 밀자 아이 속눈썹 위로 면봉이 올라가 있는 사진이 뜬다.

"지금은 얼굴 전체 사진을 찍지만 수술 전까지만 해도 입 밑까지 나오는 사진은 안 찍었어요. 저도 싫었지만 아이도 싫어했던 것 같아요. 제가 업고 나오면 사람들이 하음이를 쳐다보고 수군거리니까 아이도 뭔가 이상했는지 집 밖에만 나가려고 하면 장식장 안에 들어가 숨고, 안으면 문을 잡고 자지러지게 우는데 감당이 안 됐죠. 그런데 수술하고서는 정말 많이 바뀌었어요. 자기도 신기한지 매일 아침마다 거울을 봐요. 여러 가지 표정도 짓고, 사진도 찍어달라 하고……"

임신 20주가 넘으면 정밀 초음파를 통해 태아의 주요 장기와 손발, 얼굴, 그리고 성별까지 확인할 수 있다. 그래서 이즈음, 누군가는 우리 아이 손가락도 다섯 개, 발가락도 다섯 개라며 기쁨에 들뜨며 안도하지만 또 누군가는 헤아리기 어려운 격정과 슬픔에 휩싸이기도 한다. 조심스레 언제 아이의 장애를 알았느냐고 묻는데, 또다시 예상치 못한 답변이 훅 치고 들어온다.

"정말 창피한데 임신 8개월이 넘도록 임신인지도 몰랐어요. 배도 안 나오고, 제가 갑상선 이상으로 생리를 안 할 때는 1년도 넘게 안 해서 의심조차 못했죠. 근데 계속 배가 아픈 거예요. 정기검진도 받을 겸해서 병원에 갔더니 임신이라고, 그것도 8개월이 넘은 것 같다고…… 바로 초음파를 찍었는데 아이가 계속 얼굴을 돌렸어요, 안 보이게. 몰랐죠. 그때는 이미 아이 아빠랑 헤어진 뒤였고, 저는 가족도 없는 상태라 부랴부랴 미혼모 시설을 알아봤어요. 처음에는 입양 보낼 생각이었어요. 아이 아빠랑 너무 안 좋게 헤어진 상황인데다 빚까지 떠안은 상황이어서 아이를 키울 능력이 전혀 안 됐죠. 미혼모 시설에서 임신 증명서와 출산 예정일을 받아오라고 해서 진료를 받으러 갔는데 이미 자궁이 열렸다는 거예요. 그 자리에서 입원해서 다음날 아이를 낳았어요."

어떻게 만삭이 될 때까지 모를 수가 있을까 싶었지만, 그게 하음이가 세상에 태어나기 위한 운명이 아니었을까 싶었다. 출산도 쉽지 않았다. 16시간에 걸친 난산. 자궁은 3센티 이상 열릴 기미가 없었고, 분만유도제도 듣지 않았다. 보호자가 없어 제왕절개를 할 수도 없었다. 실신 직전까지 간 난산의 고통도 컸지만 혼자 이 모든 걸 감당해야 한다는 게 그는 더욱 힘들고 서글펐다.

"겨우 아이를 낳았는데 의사가 빨리 큰 병원으로 보내야 한다고, 보내기 전에 한번 보라는데……"

그는 잠시 말을 잇지 못했다. 시선이 한동안 찻잔에 머물렀다. 아마도 그날이 떠올랐으리라. 다시 이야기를 시작했을 때 목소리에는 눈물이 배어 있었다.

"저는 평생 우리 하음이한테 미안한 게 아이 대학병원으로 옮기고 저는 미혼모 시설로 퇴원해 석 달이 다 되도록 면회를 한 번도 안 갔어요. 아기가 나오면 양수 때문에 쪼글쪼글 불어 있잖아요. 그 상태에 입이 없는데…… 충격이 너무 컸어요.

미혼모 시설에서는 장애가 심해 입양이 어려울 거라고 했어요. 애를 데리고 다른 시설로 가든지 아니면 키우든지 알아서 하라고. 눈앞이 캄캄했죠. 세상에 혈혈단신인데, 그렇다고 애랑 같이 죽을 수도 없고…… 그때 저를 담당하셨던 사회복지사분이 많이 도와주셨어요. 무료로 언청이 수술을 받을 수 있는 병원을 수소문해주셨는데 지원을 받으려면 엄마가 필요하고, 기초생활수급자여야 한다고 하더라고요. 아이 치료가 급하니까 그럼 내가 키우겠다고, 호적에 올리겠다고 그랬어요. 어떻게 보면 상황에 등 떠밀려왔는데, 어렴풋이 그때 처음으로 이 아이는 내가 키워야 하는구나, 내 아이구나 그런 마음을 먹은 것 같아요. 이름도 그때 지었어요. 태어난 지 백일 만에……"

수술 전 종합검진을 통해 하음이의 심장과 횡격막에도 이상이 있다는 게 추가로 발견됐다. 온몸이 휘청거렸다. 삶이 너무 가혹하다 느꼈을 때 이번에는 새로 옮긴 미혼모 시설 '인트리'가 손을 내밀었다. 인트리의 도움으로 사연이 신문과 방송에 소개되면서 5,000만 원이 넘는 후원금이 모였다. 생면부지 사람들의 보살핌

속에 하음이는 14시간에 걸친 수술을 받았다. 심장기형을 바로잡고, 횡경막에 있던 구멍을 메웠다. 그리고 매년 한 번씩 입 성형수술을 받았다. 하지만 네 살이 된 지금도 하음이는 여전히 정기적으로 병원을 다닌다. 성형외과, 외과, 내과, 신경외과, 소아청소년과, 치과…… 가야 할 병원이 하도 많아서 달력에 체크를 해놓아도 어느 병원, 무슨 과로 가야 할지 헷갈릴 정도다. 그래도 그는 진료과목이 9개에서 6개로 줄어드니 살 만하단다.

죽음이 곁에 머물다

모자는 일상을 기초생활수급비로 해결한다. 장애수당까지 합쳐 한 달에 58만 원. 아이 분유값, 기저귀값, 집세, 공과금, 교통비, 통신비…… 쪼개고 쪼개도 늘 모자라 식비라도 아껴보겠다고 그는 하루 한 끼만 먹건만, 일상은 늘 버겁다.

"하음이는 경기가 오면 바로 병원에 가야 하는데 저는 여유 돈이랄 게 하나도 없어요. 부부가 함께 아이를 키워도 돈이 많이 들잖아요. 저는 하물며 혼자 키우는데다 장애가 심한데도 매달 58만 원이 전부예요. 하루는 병원에 다녀오는데 서울 끝에서 끝인 거예요. 양손에 짐을 가득 들고 아이는 등에 업었는데 잠이 들어 축 처지고. 너무 힘든 거예요. 장애인 콜택시를 불렀는데 장애 3등급이

174

라고 이용이 안 된대요. 통사정을 해도 규정상 안 된다고. 결국 3시간이 걸려 대중교통으로 집에 왔는데 며칠을 앓아누웠죠. 저희는 임대주택을 신청해도 플러스가 없어요. 물론 1순위엔 들지만 제가 경제활동을 할 수 있고 나이가 어리다고 우선순위에서 밀려요."

취업 얘기를 꺼냈다. 아이가 유치원에 가 있을 시간 동안이라도 할 수 있는 일을 찾아보았냐고 묻는데, 예상대로다. 아이가 유치원에 있을 시간, 평균적으로 오전 10시부터 오후 3~4시까지 일할 수 있는 자리는 내 친구들도, 우리 동네 엄마들도 눈에 불을 켜고 찾지만 도저히 잡히지 않는다.

"겨우 시간 맞는 곳을 찾아 면접도 몇 번 봤어요. 근데 하나같이 하시는 말씀이 아이가 아프면 어떻게 할 거냐는 거예요. 싱글맘인데 거짓말로 애 놓고 출근한다고는 못하잖아요. 그러면 면접 보는 분이 다 그래요, 우리는 못 쓴다고…… 그런데도 아이가 유치원에 다니고, 제가 어리고 취업 능력이 있다고 새해부터 기초생활수급자에서 탈락돼요. 의료비라도 보조받으려면 4대보험 되는 자리에 취업해 오라는데, 그럼 그 돈으로 살지 왜 정부 지원을 받겠어요? 정말 답이 없어서 구청 가서 싸우기도 많이 싸웠죠. 빌기도 많이 빌고. 제가 구청에 가면 직원들이 모두 알아볼 정도였으니까요. 얼마 전(2014년) 세 자매가 경제적인 문제로 자살을 했잖아요. 그걸 제가 뼈저리게 공감할 정도로, 사는 게 쉽지 않죠. 왜냐면 제가……"

목소리가 잦아들더니 말이 끊겼다. 한참 생각을 고르던 그가 어렵사리 입을 뗀다.

"죽을 생각을 했어요. 정말 하음이한테는 너무 미안한데, 너무 힘드니까…… 빚을 낼 엄두는 안 나고, 손 벌릴 곳도 없고. 근데 아이는 계속 아프고…… 정신이 밑바닥까지 내려가니까 앞을 못 보겠더라고. 아, 이게 반복될 거라면 죽자. 죽는 게 서로 편할 것 같다. 아이 밥에 수면제를 갈아서 섞고, 저도 소주에다가 60알인가 80알인가를 넣고…… 근데 하음이가 저를 깨웠어요. 머리와 손을 잡아당기면서. 일어나보니 이틀이 지났더라고요. 그게 재작년이에요, 하음이 두 살 때."

순간 나도 모르게 숨이 멎었다. 공기가 다 사라져 숨 쉴 곳이 없는 진공상태 같다. 몇 초가 몇 시간처럼 느껴지는 무거운 침묵이 흘렀다. 내가 먼저 입을 뗐다.

"주변에 도움을 청할 사람이, 없으셨어요? 아이 아빠나 아니면 먼 친척이라도?"

"아빠가, 도박을 했어요. 그리고 돈을 달라며 엄마를 때렸죠. 그러다가 저한테도 손을 대고…… 엄마랑 외가로 갔는데 얼마 후 엄마는 저만 외가에 남겨둔 채 새 삶을 찾아가셨죠. 당시 함께 살던 큰외삼촌은 동네에서 주먹깨나 쓰는 건달이었어요. 술만 먹으면 저한테 너 때문에 우리 집이, 우리 누나가 이리 됐다며 손을 댔어요. 아빠의 폭력이 삼촌으로 바뀌었죠. 칼을 들고 설치기도 했어

요. 밥을 먹을 때도 눈치를 보고, 아프거나 다쳐도 병원에 한번 못
갔어요. 어떻게든 고등학교는 마쳐야 한다고 이를 악물고 버텼는
데 하루는 삼촌이 죽일 듯이 패는 거예요. 아 이렇게 맞다가 죽겠
구나, 차라리 그냥 맞아 죽자 싶었는데, 문득 너무 억울한 거예요.
못해본 것도 너무 많고…… 그날 새벽 책가방에 속옷 몇 벌만 챙겨
도망쳤어요. 그게 마지막이에요.

　서울로 와 주유소 알바를 했어요. 미성년자가 숙식을 하니 월급
은 없었죠. 생활비로 한 달에 5만 원, 10만 원정도 받았나? 자는 시
간 빼고는 일만 했어요. 사장이 내려와서 욕하고 윽박지르고……
다른 주유소로 가봤지만 똑같았죠. 그러다가 유흥주점 일을…… 특
별한 기술이 있는 것도 아니고, 고등학교 졸업장도 없는 처지에 먹
고살 방법이 없어 시작은 했는데, 창피하고 두려웠죠, 누가 알까봐.

　그때 아이 아빠를 만났어요. 고등학교 친구였는데, 제 빚을 대
신 갚아 저를 유흥주점에서 빼내줬죠. 이 사람이랑 살면 부자처럼
은 아니어도 남들처럼은 살 수 있겠다 싶었어요. 5년을 함께 살며
결혼 계획을 세웠는데, 헤어지기 1년 전부터 도박에 손을 대더니
한순간에 미치더라고요. 제 인감과 신분증을 훔쳐 대출을 받고, 제
가 따져 물으니 손찌검을 하는데…… 제가 저희 아빠 엄마를 봤잖
아요. 같이 살 수가 없더라고요…… 헤어진 후 연락 끊고 지냈는데
하음이 방송 출연한 걸 알고 찾아왔더라고요. 후원을 받았으니 돈
을 좀 나눠달라고……"

이야기는 몇 번이나 끊기고 이어지기를 반복했다. 듣는 내내 심장이 덜컥 내려앉고 쪼그라들더니 나도 모르게 눈물이 툭 떨어졌다. 황급히 닦아보는데 그도, 울고 있다.

기대어 서지 않는 사람은 없다

"하음이는 제 유일한 가족이에요. 아프고 어리긴 해도 애틋하고 살가운…… 그런데 제가 종종 자해를 하니 애한테도 위해를 가할까 겁이 났어요. 제 발로 정신과에 찾아갔죠. 검사를 하더니 의사 선생님이 감금치료가 필요할 만큼 심각한 상태라고 하더라고요. 그때부터 치료란 치료는 다 받았어요. 이건 병이다, 고칠 수 있다, 난 미치지 않았다, 그러면서. 요즘은 약을 안 먹어요. 약을 먹으면 처지니까 하음이랑 제대로 놀아줄 수도 없고. 그리고 이루고 싶은 목표, 어떻게 보면 희망이란 게 있다보니까 내가 스스로 버텨야 한다 싶고."

"어떤 목표가 생긴 걸까요? 표정이 갑자기 환해졌어요."

"지금 가장 하고 싶은 건 주얼리 디자인이에요. 혼자서 틈틈이 익혔는데 재밌더라고요. 사람들도 소질 있다고 하고. 자격증이 있어야 공방이나 관련 업체에서 일을 할 수 있어 준비 중이에요. 필기시험은 얼마 전에 통과했는데 실기는 학원을 다녀야 해서 시작을 못했어요. 돈도 없지만 당장 취업을 하지 않으면 지원이 끊기니까 그게 급해서……"

그가 핸드폰 속 사진을 내민다. 수십 장의 스케치와 직접 만든 샘플을 찍은 사진이 한눈에 들어온다. 대부분 와이어랑 비즈를 사용했지만 금이나 은을 통째로 세공한 것도 있다.

"전 하음이 유치원 있는 동안 나중에 아이랑 함께 살 수 있는 토대를 만드는 게 더 중요하지 않나 싶어요. 아이랑 있을 땐 뭔가를 할 수 없으니까요. 애가 컸을 때 다른 사람들처럼 생활할 수 있다는 보장이 없어요. 지금은 업고 다니지만 나중엔 저 혼자 감당할 수 있냐? 아니거든요. 또 남자아이잖아요. 당장 내년부턴 성별이 달라서 목욕탕에도 함께 갈 수가 없어요. 그렇다고 집에 편히 씻을 공간이 있는 것도 아니고. 지금도 그런데 미래를 생각하면 아찔하죠. 장기적으로 아이와 함께 살려면 공부도 하고 자격증도 따고 미래를 설계할 시간이 필요한데 무조건 기간을 정해놓고 취업해라 안 되면 수급자에서 탈락이다, 아무 지원도 못해준다, 그러면 도대체 어떻게 살라는 걸까요?"

그의 말을 듣는데《해리포터》의 작가 조앤 롤링이 떠올랐다. 딸의 감기약조차 사지 못할 정도로 가난한 싱글맘이었던 조앤 롤링이 꿈을 포기하지 않고 세계적인 작가가 될 수 있었던 건 영국의 사회안전망 덕분이었다. 하여 미래를 설계할 시간이 필요하다는 유진 씨의 말이 가슴에 콕 박힌다. 하지만 우리 사회가 요구하는 복지의 결과물은 현재의 취업과 자립이다. 복지는 마약과 같아 인간의 영혼을 잠식하니 짧을수록 좋다는 관념 때문이다. 그러나 장애 자녀를 둔 부모들에겐 오늘보다 두려운 것이 내일이다. 아이는 훌쩍 부모만큼 크는데 부모는 그만큼 노쇠해지기 때문이다.

"그래도 저는 진짜 운이 좋은 편이에요. 전생에 나라를 구했나 싶었을 정도로 많은 분들의 도움을 받았죠. 하음이 언청이 수술을 연계해준 사회복지사분도 그렇고, 인트리 언니들도 그렇고요. 지금 저를 담당하는 구청 사회복지사분도 정말 적극적이세요. 취업 패키지로 수급 자격을 연장할 수 있는지 알아봐주시고, 주얼리 디자인을 전문적으로 공부할 수 있게 대학 가는 길도 터보겠다고 동분서주하시는 걸 보면. 그렇게 보면 우리나라는 제도보다는 운인 것 같아요. 인맥, 인복, 천운 같은 것들요.

저는 너무 힘든 친구들을 많이 봤어요. 특히 미혼모 시설에서 저보다 한 살 어린 친구를 만난 적이 있어요. 그 친구 아이랑 하음이가 하루 차이로 태어났는데 그 친구는 아이를 키울 생각이었죠. 근데 낳고 보니 아이 심장이 반대로 돼 있는 거예요. 수술비랑 치료비가 억대가 되는데 지원받을 곳을 찾지 못했어요. 입양을 보내려고 해도 입양기관에서는 안 된다고 하고. 미혼모 시설에서는 빨리 퇴소하라고만 하고…… 제가 인트리로 가면서 소식이 끊겼는데 하음이 두 돌 지났을 때쯤 연락이 왔어요. 아이 잘 크냐고. 자기 아이는 치료를 못 받아서, 8개월 만에…… 죽은 아이를 껴안고 일주일이나 살았대요. 미안함 때문에 정신을 못 차려서 정신병원에 있었다고, 집에 돌아왔는데 어떻게 살아야 할지 모르겠다고……"

거듭되는 곤경에 놓인 이들을 정말 절망케 하는 건 불운과 곤경 그 자체이기보단 기댈 언덕이 없다는 사실이 아닐까? 누군가의 선의, 혹은 운에 기대 난관을 헤쳐나가기엔 곤경에 빠진 이들이 가진 자원이, 인프라가 너무 적다. 결국 선의도, 운도 불확실하고 불평등하게 작동할 수밖에 없는 현실에서 기댈 언덕은 "공적으로 제도화된 연대로서의 복지"이자 사회시스템이 되어야 한다. 타인의 고통에 대한 공감이 사회시스템과 함께 작동할 때, 모든 사회 구성원들과 사회가 생명은 물론 품위를 유지할 수 있다.

다시 세상의 문 앞에서
_____

다행히 그는 요즘 삶이 재미있다고 했다. 하음이가 달라지고 있기 때문이다. 구청과 병원의 지원으로 재활, 놀이, 언어 치료를 받으면서 하음이가 기고, 앉고, 서기 시작했다. 또 유치원 친구들과 어울리면서 몰라보게 활발해졌다. 겨우 "음마" 소리밖에 못하지만 아이가 표정과 행동으로 말하기 시작하면서 죄책감에 하음이의 눈을 피해왔던 엄마가 하음이와 눈을 맞추기 시작했다. 서로의 행동에 반응하게 되면서 둘 다 웃음이 많아졌다. 요즘 엄마와 아들은 한창 밀당 중이다. 하음이가 예쁜 여자만 좋아하고, 옷도 머리도 자기 스타일만 고집한다고 얘기하는 엄마의 얼굴엔 미소가 가득하다.

　자신만의 '방'에서 나와 세상에 한 걸음 내딛은 것 역시 삶이 '생존기'였던 그가 처음 맛보는 낯선 기쁨이다.

　"하음이랑 있으면 매시간이 치열하죠. 나를 생각할 틈이 전혀 없어요. 반대로 혼자 있으면 내가 지금 살아 있는지, 이 삶이 꿈인지 현실인지 좀 많이 아득하고 안갯속 같아요. 근데 1년 전부터 알바, 공부, 전시회, 연극…… 바쁘게 움직이면서 '아, 내가 살아 있구나, 숨 쉬고 있구나' '그동안 내가 겪은 모진 일들이 다 헛된 것만은 아니구나' 싶은 게 참, 좋아요. 또 인트리 언니들이랑 함께하다 보면 제 삶에 의지할 사람들이 생긴 것 같아 힘도 나고…… 요즘은 최대한 단순하게 생각하려고 노력해요. 큰일이 생겨도, 지금만 힘들 뿐이야 하면서 넘기려고 하고, 많이 웃으려고 노력해요. 일부러라도 웃으니까 그게 자연스럽게 배어서 또 습관이 되고……"

　아프지만 슬프지만은 않은 이야기를 나누다보니 어느새 오후 네 시, 하음이 하원 시간이다. 서둘러 유치원에 들어서니 낮잠을 자고 막 깨어난 하음이가 우리를 맞는다. 요새 식욕이 폭발해 살이 좀 올랐다는데 그래도 13킬로, 우리 아이 돌 때 몸무게다. 내리는 비에 혹여 감기라도 걸릴까 엄마가 중무장을 시키고 뒤로 업는다. 하음이가 좋아한다는 빨간색 체크 우산을 펼치자 기분이 좋은지

연신 손을 뻗쳐 비를 잡는다.

"집까진 어떻게 가세요?"

"버스 타고 신도림서 전철 타고 다시 마을버스 타요. 택시론 20분이면 가는데, 직통으로 가는 대중교통이 없어 한 시간 반쯤 걸려요."

"비나 눈이 오면 쉽지 않겠네요."

"전에는 스트레스를 좀 받았는데 요즘은 우리 모자 쉬는 날이다 그래요. 하음이도 뒹굴, 저도 뒹굴. 제 새해 소원이 뭔지 아세요? 어린이집 옆으로 이사 오는 거예요. 집값이 너무 비싸 가능할까 싶은데, 또 사람 일은 모르는 거니까."

'그랬음 좋겠네요'라고 답하려다 "꼭 그리 될 거예요"라고 답했다. 말에도 힘이 있다고 그러지 않던가. 전철역, 이제 헤어질 시간이다. 먼저 가라며 모자가 나를 배웅한다. 몇 걸음 뗀 후 돌아보니 인파 속에 희미해져가는 빨간색 체크 우산이 보인다. 모자는 운명과 세상을 향해 용기를 냈다. 그들의 용기는 동정을 구하는 호소가 아니다. 타인의 고통에 대한 공감의 물음이다. 사회시스템에 대한 증언이다. 그들의 용기가 곤경의 비바람을 막는 사회적 우산을 만드는 징검다리가 되면 좋겠다. 그 우산 아래서 그들도, 발달장애 가족들도 그리고 나와 당신도 내리는 비를 피해갈 수 있으면 좋겠다.

5

닫힌 창, 그 너머의 풍경

장애가 차별의 이유가 되는 사회

박희정 씀

이야기 하나,

문을 열고 사회와 마주할 때

말 한마디에도 용기가 필요했다

"몇 년 동안 혼자 갇혀 살았을 때가 있었어요. 멀쩡한 아이를……
나한테는 '멀쩡한' 아이잖아요. 물론 소통할 때 약간의 어려움이
있기는 해도 그런 일은 비장애 아이들한테도 있을 수 있다고 생각
을 하거든요. 그 아이들도 자기가 대답하기 싫으면 안 할 거잖아
요. 그런데 내 아이가 남들에게는 그냥 '아이'가 아니에요. 아이면
서 아이 노릇을 못하는 거죠."

울산에 사는 백미화 씨에게는 연년생의 두 아들이 있다. 형이 1
년 늦게 학교를 들어가 둘 다 초등학교 6학년에 재학 중인데, 공교
롭게도 형제 모두 돌연변이로 인한 유전질환을 앓고 있다. 근육이

위축되면서 점차 거동이 어려워져 이른 나이에 사망할 수 있는 병이다. 둘째 대성이는 이 병으로 인한 발달장애를 함께 가지고 있다. 대성이를 데리고 동네 바깥을 나설 때마다 백미화 씨는 낯선 사람들의 수군거림을 마주했다. 말하는 사람은 소리를 낮춰 들리지 않을 거라 생각하지만, 그런 말들일수록 이상하리만치 크게 날아와 백미화 씨의 귀에 꽂혔다. 그녀의 가슴에 대못을 박는 말을 직접 하는 사람도 있었다.

"장애에 대한 아주 기초적인 상식이 없는 분들도 간혹 있어요. 그런 분들이 볼 때는 내 아이가 '바보'잖아요. 저 바보 같은 게 아직까지 글도 모르나, 어디 아프나. 이런 식으로 말하는 거죠. 저는 내 아이가 글 몰라도 상관없는데…… 그냥 제 옆에만 오래 있어주면 좋겠는데. 나는 작은 희망을 가지고 사는데."

오래, 오래. 미화 씨는 기도를 하듯 주문을 읊조리듯 나직이 그 말을 반복했다. 어쩌면 서른을 채 못 채우고 내 곁을 떠날지도 모르는 아이. 사랑스럽고 사랑스러워 엄마는 함께 얼굴을 맞대는 하루하루가 소중하기만 한데, 누군가에게 그 아이는 어딘가 망가진 존재일 뿐.

"사람들에게 상처를 받고는 집에 와서 이불 뒤집어쓰고 막 울기도 했어요. 어떨 때는 아이를 안고 울었어요. 네가 왜 이런 대접을 받아야 되지…… 다 나 때문인 것 같고…… 어떻게 그런 말을 하냐고 한마디 할 수도 있잖아요. 그런데 예전에는 그게 안 됐어요. 그냥 피하고 도망가버렸어요. 저도 주눅이 들어 있는데 내 아이는 더 주눅이 들어 있었지요. 따끔하게 한마디 할 수 있는 용기가 있었으면 좋았을 건데. 그랬다면 내 아이가 좀 더 세상 밖으로 빨리 나올 수 있었을 건데.”

아이들을 유치원에 보내면서 다른 엄마들을 만나도 인사 한마디 나누지 못하는 날들이 1년 넘게 이어졌다. 누군가 백미화 씨에게 그럴수록 세상 밖으로 나와야 한다고 말을 건넸다. 망설이던 그녀는 어느 날 더 이상 이렇게 살면 안 되겠다는 생각이 들었다. 내 아이가 앞으로 어떻게 살아갈 것인가라는 현실적 질문에 부딪혔기 때문이다. 장애아의 어머니에게 자신의 고립은 곧 아이의 고립을 뜻했다.

“아이가 학습에 따라갈 수 없지만 저는 가능하면 모든 수업에 참석하게 해달라고 선생님께 부탁해요. 국어도 가라, 영어도 가라, 체육도 가라. 이렇게 하는 이유가 그게 다 사회라고 생각해서예요. 수업 시간에 조용히 있어야 하고, 남들 웃을 때 같이 웃을 줄 아는 게 우리 애들한테는 공부잖아요. 수업 시간에 선생님이 질문을 하면 무조건 손을 들라고 가르쳤어요.”

아이를 위해서라도 엄마는 문을 열고 사회와 마주해야 했다. 학교에서 마주치는 대성이 친구들의 이름을 기억했다가 인사를 건넸다. 처음에는 어색해하던 아이들이 나중에는 먼저 인사를 해왔다. 엄마들 모임에도 적극적으로 나가 궂은일도 마다하지 않았다.

그러자 점차 마음을 여는 엄마들이 생겼다. 엄마들은 자기 아이에게 대성이를 놀리거나 괴롭혀서는 안 된다고 가르쳤다. 작은 변화지만 백미화 씨에게는 무엇보다 큰 힘이 되었다. 그러나 그녀의 마음 깊은 곳에는 자신조차 눈치 채지 못한 두려움이 남아 있었다.

"한번은 작은애 공개 수업에 갔는데, 영어 시간에 선생님이 질문을 했어요. 엄마가 와 있어서인지 아이가 손을 계속 들었고 선생님이 우리 애를 시키더라고요. 그런데 그 순간 저는 아이가 정답을 말할까봐 무서운 거예요. 아이는 사실 그것 때문에 손을 든 게 아니었어요. 화장실 가겠다고 말하려고 손을 든 거더라고요."

듣는 당신도 이상한 말이라고 생각하겠지만 말하는 나도 이상해요, 라는 듯 그녀의 눈동자가 갈 곳을 잃었다. 백미화 씨는 이유를 묻는 거듭된 질문에 자신조차 당혹하게 만들었던 마음의 근원을 더듬더듬 찾아나갔다.

"모르겠어요. 그 순간 내 아이가 주목을 받잖아요. 눈길을 받잖아요. 그러면 저도 같이 받잖아요. 그게 싫은 거예요. 쟤는 항상 모르는 애였으니까, 그냥 아무도 모르게 가만히 있어줬으면 좋겠는 거예요. 용기는 있되 정답을 맞히기보다는 차라리 화장실 다녀오겠다는 말이 애한테 어울리는 거였어요. 남들이 봤을 때 쟤는 분명히 답을 모르는 애잖아요. 그러니 정답을 맞히면 이상한 애가 되는 거예요. 쟤가 왜 맞혔지? 어떻게 맞혔지? 그래 뭐, 얼떨결에 맞혔겠지 그런 거요. 와! 똑똑하다 이게 아니고, 놀라움이라 해야 되나요. 그때만 잠깐 있는 놀라움. 그게 걱정이 되더라고요. 그러면서 아, 내가 뭐하는 짓이지. 엄마의 자격이 있나, 이런 생각이 들더라고요."

인간은 때로 주목을 갈망한다. 인정욕구는 인간에게 내재한 원초적 욕망 중 하나다. 그런데 그 주목에 비난이나 비하의 시선이 담기면 견디기 힘든 무게가 사람을 짓누를 수 있다. 주목에 내재한 양극단의 감정은 인간이 사회적 동물임을 가장 극명히 드러내 주는 것이리라. 노골적인 폭력과 다른 이러한 시선의 폭력은 오랜 시간에 걸쳐 조금씩 사람의 마음을 갈아낸다. 마치 아무 변화 없는 듯 보여도 당사자는 어느 날 문득 반쪽이 된 마음을 발견하게 된다. 그렇게 장애에 대한 사회적 차별과 혐오는 장애아의 어머니에게 내면화되어 자신을 겨누는 창이 된다.

"사람들은 잘 몰라요, 우리 아이들이 어떤지"

전남 순천에 사는 양은영 씨는 자폐성 발달장애인 아들 서진이를 키우고 있다. 차분한 목소리만큼이나 단정하게 정리된 양은영 씨의 집 한편에 놓인 책장에는 아들의 장애와 관련된 책이 한가득 꽂혀 있다. 예전에는 그 자리에 새 책 냄새가 채 가시지 않은 다양한 신간을 채워 넣었다. 신혼집으로 책만 몇 상자를 싸가지고 올 정도로 책을 좋아했던 양은영 씨는 서진이가 "아프고" 나서 대하소설 몇 권만 남기고 아끼던 책들을 모조리 버렸다. 이런 거 읽어봤자 소용없다 싶어서였다. 어쩌면 그것은 세상에 대한 일종의 원망이었을지도 모른다.

"굉장히 아픈 기억이 있는데, 서진이 눈 때문에 서울대 병원에 갔을 때였어요. 모든 대학병원이 그렇듯이 복잡하잖아요. 서진이 손을 잡고 가는데 서진이가 다른 쪽 손을 펴고 가다가 젊은 여자 허벅지를 만졌나 봐요. 그 여자가 벌레 보듯이 차갑게 뒤돌아보면서 '어머 얘!' 그러는 거예요. 그 쏘아 보는 눈이 저한테까지 오더라고요. '죄송합니다, 죄송합니다', 했죠. 복잡한 그 상황에서 우리 애가 장애라서 그렇다 설명할 수도 없고, 빨리 가서 안과진료를 받아야 하니까. 스쳐 지나가는 순간에 인간적으로 모멸당하는 게…… 그런 게 셀 수도 없어, 셀 수도 없어."

담담하게 이어가던 양은영 씨의 말끝이 깊은 울음을 토해 내며 메아리쳤다.

"서진이는 전형적인 자폐아예요. 자기가 고집하는 패턴이 있거든요. 예를 들어 양말 신을 때 자기가 발을 어느 쪽으로 꼬고 있어야 하고 엄마는 양말을 어느 손으로 들고 있어야 하고. 이게 자기 머릿속으로 그려진 그림하고 어긋나면 난리가 나요. 엄마인 제가 속수무책일 정도로 우는 경우가 많았는데 그때마다 어떻게 해야 할지 몰랐어요. 도대체 왜 이런가. 대화가 안 되니까 저 혼자 갖가지 상상을 할 수밖에 없잖아요. 너무 무기력해지죠. 지금은 이 깨

알 같은 패턴이 어긋나서 그렇다는 걸 알죠.

어제도 치료 끝나고 돌아오는 길에 집 앞 횡단보도를 건너니까 애가 "마트 가요!"라고 말하더라고요. 어디 갔다가 집 앞에 내리면 꼭 마트에 가야 하는데 그 패턴을 제가 많이 깨놨거든요. 어린이집 하원할 때도 그걸로 하도 실랑이를 해서 아무리 애가 울고불고 난리를 치더라도 단호히 해놨는데, 하필 어제는 늘 차에서 내리던 데가 아니었던 거예요. 그러니까 새롭게 떼를 쓰더라고요. 그 사람 많은 데서 애를 질질 끌다시피 하면서 '오늘 마트 안 가기로 했잖아, 안 돼!' 그러고 가는데 주변에서 특히 나이 드신 분들은 왜 그러냐고 한마디씩 해요. 전혀 이해를 못하죠."

겉으로 보기에 '멀쩡'하면 장애가 있을 거라고 쉽게 상상하지 못하는 사람들에게 은영 씨는 그저 모진 엄마처럼 보였을 것이다. 낯선 이들이 던지는 비난 앞에 그녀는 늘 입이 막혔다. 이 모든 게 쉽게 한두 마디로 설명할 수 있는 일이었다면 얼마나 좋았을까.

"서진이가 다니던 체육 시설에 중고등학생 발달장애아들이 수영하러 많이 와요. 그나마 사회성이 있는 애들은 괜찮은데 어떤 아이들은 탁구장 같은 데 가서 과자만 보이면 순식간에 다 먹어버리고 그러는 거예요. 탁구장을 이용하는 분들은 휠체어 탄 아저씨들이거든요. 그분들은 발달장애에 대한 이해나 공감이 없으세요. 신체 멀쩡한 애가 버르장머리 없이 그런다고 그러죠. 장애를 가진 분의 눈에도 그렇게 보이는데 비장애인 눈에는 당연히 그렇게 보이겠죠. 엄마가 제대로 통제하지 못해서 애가 저렇게 됐다고 하는 거예요. 차라리 누워 있는 애면 동정심을 가지고 안쓰럽게 보는데, 우리 애들은 그게 안 돼요."

안쓰럽게라도 봐주었으면 좋겠다는 은영 씨의 말 속에는 우리 사회가 지닌 발달장애인에 대한 몰이해와 비난의 시선이 묻어난다. 발달장애인과 섞여 살아본 경험이 없는 이들의 생각 속에 발달장애인의 모습은 몇 가지 단정적 이미지로 새겨져 있다. '바보'로 무시되거나, 아주 특별한 능력으로 주목받거나, 통제가 어렵고 예측할 수 없는 두려운 존재이거나.

경상남도 마산시에서 20대 초반의 발달장애인 아들과 함께 사는 한영미 씨는 최근 우리 사회에서 발달장애인에 대한 공포가 점점 더 커지는 것 같아 걱정이 많다. 텔레비전이나 인터넷을 통해 발달장애인과 관련된 좋지 않은 소식이 나올 때마다 영미 씨의 가슴은 덜컹거린다.

"최근에 섬뜩한 사건들이 많이 일어나서 더 그런 거 같기도 한데요. 가해자가 정신장애인이나 발달장애인이면 그 부분만 팍팍 부각되는 것 같아요. 인터넷 댓글 보면 무서울 정도예요. 그런 애는 거리를 활보하고 다니면 안 된다, 시설에 넣어야 된다, 막 그러거든요. 발달장애인은 똑같은 유형이 없어요. 같은 지적장애나 자폐성장애를 갖고 있더라도 한 명도 같은 사람이 없어요. 다 제각각이에요. 그런데 큰 사건이 일어나면 언론에 보도된 그 모습이 그대로 발달장애인의 전부라고 여겨지는 거예요."

우리 사회에서는 발달장애인의 행동 특성으로 '돌발행동'이 많이 거론된다. '돌발'이라는 말은 예측할 수 없는 행동을 의미한다. 그런데 사실 이 단어는 비장애인의 관점에서 쓰는 말이다. 발달장애인과 비장애인이 어떻게 다른지 이해하지 못하는 이들에게 발달장애인의 '다른' 행동은 맥락도 의미도 없이 튀어나오는 이상 행동이 되기 때문이다. 발달장애인을 두려움의 대상으로 보는 사람들은 마치 풍선을 부풀리듯 이 단어 안에 상상할 수 있는 모든 위험한 행동을 가득 채워 넣는다. 영미 씨는 이에 대해 억울한 마음을 감추지 못했다.

"일반인들은 언어로 표현할 수 있으니까 불만이 생기면 이야기해서 전달하죠. 발달장애인들도 분명히 이유가 있어서 돌발행동을 하는 건데 먼저 이상하다고만 보는 거예요. 문제가 생기면 그냥 부모 탓이고 아이 탓인 거죠. 장애인이라서 그렇다고 하고요."

영미 씨는 아들 현수 씨가 걷기 시작할 때부터 "맨날 찾아다니는 게 일"이었다고 한다. 늘 애가 탔고 동네에서는 골칫덩어리 취급을 받았다.

"병원비 많이 물어줬어요. 미끄럼틀에서 다른 아이를 밀어서 119 실려 가고 돌 던져 상처 내고. 여섯 살쯤 언어치료실에 보내고 6개월 좀 되니까 말이 트였어요. 자기 의사표현을 좀 하는 거예요. 이제 싫어. 안 해. 이런 식으로. 말로 표현할 수 있게 되면서 과격한 행동 같은 게 좀 줄어들더라고요."

네 살 때 장애 진단을 내린 의사가 "예후가 좋을 것"이라고 말한 대로 현수 씨는 성장한 후 경계성 수준의 장애 정도를 보이는 데까지 왔다. 한영미 씨의 말에 따르면 돈에 대한 개념을 알 정도는 아니지만 일상생활에 필요한 기본 능력은 어느 정도 갖춘 정도이다.

"현수가 중학생 때 학교에서 연락이 왔어요. 우리 아이가 승용차를 발로 차서 차체가 많이 들어갔다는 거예요. 변상을 해달라고 하더라고요. 달려가서 상황을 파악해보니까 현수가 했던 행동의 결과만 두고 이야기한 거더라고요. 애들 세 명이 현수에게 장애아라고 놀리고 물을 뿌렸대요. 현수가 마음이 많이 상했는데 그걸 직접 표현하지는 못하고 옆에 있는 승용차에 화풀이를 했던 거죠.

그래서 제가 그 세 아이 엄마들에게 연락을 했어요. 이러한 상황이 있었고 결과적으로 차가 손상됐다. 내가 볼 때는 이건 네 명의 공동책임 같다. 애가 장애라서 놀림의 대상이 되는 건 잘못된 일 아니냐. 나 혼자 절대 변상 못한다. 그랬더니 그쪽 부모들이 수긍을 하고, 결국 네 집이 나눠서 변상을 했어요. 그런 경우가 많아요."

부르르 떨리는 손을 꽉 움켜쥐다
_____

대구시에 살고 있는 심선화 씨에게는 1993년생인 중증 자폐성 장

195

애의 큰딸 정은 씨와 두 살 터울의 비장애인 작은딸 정민 씨가 있다. 정은 씨가 열다섯 살이었을 때 특수학급이 있는 일반 중학교에 진학했는데 거기서 학교폭력을 겪었다고 한다. 벌써 한참 전 일이지만 심선화 씨는 마치 어제 겪은 일인 듯 술술 이야기를 풀어냈다.

"정은이가 어느 날 집에 와서는 한 아이 이름을 지목하면서 그 애가 자기를 계속 괴롭히고 때린다는 거예요. 정은이 옷을 젖혔는데 멍이 들어 있어요. 특수학급 선생님께 보여드렸어요. 그랬더니 선생님이 가해 학생을 불러서 어떻게 된 일인지 물어보셨대요. 그 아이 말로는 정은이가 자꾸 자기를 쫓아다녀서 때렸다고 하더래요. 때린 애가 남자아이이더라고요. 그런데 자폐아들이 상대가 가만히 있는데 그런 행동을 하지는 않거든요. 이상하다 싶어서 같은 반 아이들에게도 물어봤어요. 저희 동네에 사는 아이도 있었는데 정은이가 괴롭힘을 당하고 있다고 말해주더라고요.

정은이에게 누가 괴롭혔는지 이름을 적어보라고 했어요. 그걸 가지고 담임선생님을 만났는데 깜짝 놀라시더라고요. 이거 누가 적은 거냐고. 학교에서는 다 알고 있었던 거죠. 정은이 학교 선배 중에 발달장애 남자아이가 있는데 반 아이들 몇몇이 그 애 아랫도리를 벗겨서 영상을 찍었고 그걸 인터넷이 올린 일이 있었어요. 피해 학생은 한 명인데 가해 학생은 여러 명인 거잖아요. 그러니까 가해 학생 부모들이 돈으로 사건을 무마시켰더라고요. 정은이 같은 경우 상처를 크게 내고 그런 건 아니에요. 그러다보니 학교에서는 '그렇게 큰일도 넘어갔는데 뭐 이런 거 갖고 그러느냐'는 식이었어요. 그때 반마다 있던 장애 아이들이 비장애 아이들의 괴롭힘 때문에 너무 힘들어했어요. 그러니 정은이 일을 그냥 넘어가서는 안 되겠다 싶은 거예요."

정은이는 4월부터 괴롭힘을 당했다고 한다. 그런데 엄마 심선화 씨가 그 사실을 알게 된 건 9월 무렵이었다.

"학교에 가서 학교폭력대책위원회를 소집해야 한다고 말했는데 먹히지가 않았어요. 심지어 정은이 담임선생님은 '키 작고 공부 못하고 장애가 있는 애들한테는 흔한 일'이라고, '일 같지 않은 일'이라고 하시더라고요. 그러면서 정은이가 '학습에 따라오는 것도 아닌데 학교에 나올 필요가 있냐'는 말까지 하시더라고요. 하나씩 설명할 수밖에 없었죠. 정은이도 집 밖으로 나와서 친구들과 교류를 해야 한다고, 병원에서도 일반학교에 보내라고 했다고 그랬죠. 너무 분하고 억울했어요. 담임이라는 사람은 폭력이 있었다는 것도 모르고, 이게 사건이라고 받아들이지도 않더라고요.

학교는 장애아들이 폭력의 원인을 제공했다고 그랬어요. 이 아이들이 이런 일을 당하면 후폭풍이라고 하지요. 당장은 아니더라도 반드시 상처가 나타나요. 결국 그 상처를 자기보다 약한 친구나 가족들에게 풀게 돼 있어요. 정은이도 어느 날 공격 성향이 나타나는 거예요. 학교에 가서 얘기를 했더니 선생님은 '장애 성향'이라고 말히세요. 어머니가 정은이 데리고 폭력적인 걸 본 거 아니냐고요. 무조건 아이가 가진 문제로 몰고 가는 거예요. 애가 왜 이런 행동을 하는지 정은이 얘기를 직접 들어보셨냐고 물었어요.

그런데 그때쯤 다른 학교에서 피해를 받고 이 학교로 전학 온 장애 학생이 있었어요. 피해를 당한 장애아들을 학교에서 전학 보내는 거예요. 정은이도 전학을 권고당했어요. 비장애 아이들도 마찬가지겠지만, 장애아들이 그동안 익숙하게 살아온 환경을 바꾸는 것은 매우 힘든 거예요. 부모도 그렇고. 그래서 제가 뭐 때문에 그래야 하느냐고, 피해자인 정은이가 왜 전학을 가야 하느냐고 따져 물었어요. 그때 황당했던 게 뭐냐면 선생님이 가해 학생들 이름은 다 아는데 우리 애는 그냥 '장애 학생'이라고만 하는 거예요. 우리 애들 이름을 모르는구나. 우리 애들은 이름이 장애 학생이구나. 이름도, 우리 애는 차별받는구나."

사람은 엄마 뱃속에서 태어나 이름을 부여받고서 사회적 존재로서 탄생을 알린다. 개인의 이름이 아니라 정체성이 곧 그 사람을 호명하는 이름이 된다는 것이 무엇을 의미하는지 엄마는 단박에 깨달았다. 심선화 씨는 부르르 떨리는 손을 꽉 움켜쥐었다. 장애가 차별의 이유가 되는 사회라는 걸 모르지 않았다. 그러나 모르지 않는 것과 철저히 직면하는 것은 다른 것이었다. 상황은 더 복잡해졌지만 심선화 씨는 앞으로 무엇을 해야 할지 오히려 선명해지는 것을 느꼈다. 내 아이의 이름을 선생님들이 다 알도록 만들겠다고, 그이는 굳게 결심했다.

"학교에 구두로 학교폭력대책회의를 소집해달라고 했을 때는 들어주지 않더니 내용증명을 보내고 나니까 그제야 열어주더라고요. 그때만 해도 학교폭력 문제나 관련법이 매스컴에 잘 알려지지 않았고 대처법도 잘 몰랐어요. 정신과 의사 선생님의 도움으로 학교폭력 전문가와 만나 해결해나갔죠. 그때 저도 한참 동안 잠에 푹 들지 못했어요. 정은이의 공격 성향이 심해져서 낮에는 거기에 매달리고 밤에는 학교폭력대책회의 준비를 해야 했거든요. 엄마인 내가 일처리를 못하거나 말을 더듬으면 엄마나 애나 똑같다는 소리를 들을까봐 더 열심히 했던 것 같아요. 예상 질문을 뽑아서 계속 연습했어요. 장애아 부모가 자식을 어떻게 지켜내는지 보여주고 싶었어요."

학교폭력대책회의를 준비하던 선화 씨의 머릿속에는 '장애아' 엄마이기 때문에 더 멋진 모습을 보여야 한다는 책임감이 무엇보다 크게 차지했다. 장애아를 둔 엄마가 대체 무슨 죄라고 이런 압박감까지 가져야 하는 걸까.

"회의에서 제 요청이 받아들여져서 괴롭힘의 정도가 심했던 가해 학생 한 명은 전학 조치를 하고 나머지 아이들은 전교생이 보는 앞에서 공개사과를 하게 했어요. 그리고 정은이가 졸업할 때까지 특수교육 보조원을 배치해달라고 학교와 교육청에 요구했어요. 정은이가 3학년으로 진급할 때 교장선생님이 바뀌었어요. 특수교육 보조원 배치에 대한 인수인계가 제대로 되었는지 확인하기 위해 교장실을 방문했거든요. 반갑게 맞아주시더라고요. 알고 보니 장애 학생의 부모니까 아이를 잘 봐달라고 얘기하러 온 줄 알고 계셨더라고요. 제가 '교장선생님, 전에 이런 일이 있었는데 내용이 잘 전달됐는지 확인하러 왔습니다' 그러니까 불쾌하게 생각하시더라고요."

자신에게 조아리지 않는 심선화 씨를 두고 교장선생님은 대놓고 "다른 장애 부모와 다르다"고 말했다. 장애인의 엄마가 시혜를 구걸하지 않는 것이 이상했던 걸까. 장애는 사람과 사람 사이의 위계를 가르는 기준으로 작동하고 이러한 차별은 장애인의 가족, 특히 양육을 거의 전적으로 책임지는 어머니의 삶에 다층적인 영향을 미친다. 이 사건을 계기로 심선화 씨의 삶도 큰 변화를 겪었다.

"학교폭력대책회의에 예상 질문이 나오지는 않았지만 준비했기 때문에 잘할 수 있었던 거 같아요. 끝나고 내가 이렇게 얘기했으면 더 좋지 않았을까 되새기며 기록을 해놨어요. 이 일 이후에 비슷한 처지의 장애 부모들이 물어보면 제 경험을 이야기해줬어요. 처음부터 잘하는 사람은 없다고요. 화가 나도 차분히 말하고, 자신이 없으면 글로 써가라고 하죠."

심선화 씨는 학교폭력을 해결하는 과정에서 적극적으로 차별과 불합리에 맞서 사람들을 설득하고 싸워나갔다. 다른 부모들을 위한 적극적인 멘토 역할도 자임했다. 정은이뿐 아니라 다른 아이들도 차별받지 않고 괴롭힘을 당하지 않았으면 하는 마음에서다.

'내 아이'만이 아닌 '우리 아이들'의 안전을 지켜야겠다는, 인식의 확장이 이뤄진 셈이다.

"저희 작은애가 언니와 같은 중학교에 가게 되어 있었거든요. 학교폭력 가해 학생들이 공개사과하는 날, 몇몇 선생님들이 저한테 와서는 '정은이 동생 입학할 때도 생각하셔야죠' 이러는 거예요. 그 말을 듣고 코웃음을 쳤어요. 다만 작은애 정민이에게 미안하죠. 실제로 정민이가 중학교에 입학하고 많은 일들이 있었어요. 학부모회의 할 때마다 '제대로 된 학교폭력 예방교육을 해달라' '장애 인식 교육을 해달라' 건의했거든요. 교장실을 방문할 일이 있으면 정민이가 걱정할까봐 언니 일로 학교에 가는 거라고 미리 알려주기도 했어요.

어느 날 정민이가 그러더라고요. 엄마가 자랑스럽다고요. 그 한 마디가 제겐 큰 힘이 됐어요. 학교 이미지요? 저는 그런 것까지 생각할 필요 없다고 생각해요. 우리 아이들 안전이 중요하지 이미지가 중요한 건가 싶어요. 정은이 선배였던 남자 장애 아이가 괴롭힘 당하며 찍힌 동영상을 뒤늦게 보게 됐어요. 그걸 보는데 사건이 처음 일어났을 때 제대로 따지고 대응을 했다면 다른 장애 아이들이 이렇게 고통을 겪지 않았을 텐데 싶어서 마음이 아프더라고요."

이야기 둘,

문을 두드리다, 숨통이 트이다

"나 아닌 그 누구도 문제를 말하지 않았어요"

전향숙 씨는 뇌수술을 받았던 아이에게 좀 더 깨끗한 환경에서 살게 해주고 싶어 2011년 옥천으로 이사를 했다. 이사 2년 후 그녀는 장애인부모연대 충북 옥천지회를 만들었다. 시민단체 활동 경험도 없던 그녀가 낯선 지역에서 장애인부모단체를 새롭게 만들게 된 이유는 무엇일까.

"우리 지역에는 우리 아이보다 더 중증인데다 형편이 어렵고 힘든 가정이 정말 많아요. 그런데 그런 사람들을 지지해주거나 대변해줄 수 있는 기관이 없어요. 여기에 되게 많은 기관이 있는데 그런 건 하나도 없어요. 사회사업법인이나 장애단체를 보면 비리가 많잖아요. 옥천도 마찬가지예요. 한 장애인 작업장에서는 8시간 일하면 한 달 월급이 15만 원이에요. 그런 일도 장애 3급 중에 말 귀 알아듣는 아이만 할 수 있고요. 심지어 15만 원에서도 식대 3만 원을 빼고 준대요. 그 작업장에 아이를 보내는 엄마가 내가 잘못했다고, 착취도 보통 착취가 아니라고 그래요. 근데 그걸 군청에서도 알아요. 누구도 문제제기를 하지 않죠. 문제를 '말한 사람'이 문제 있는 걸로 인식해버리니까요. 원래 그렇게 살았고 지금까지 아무도 뭐라 하지 않았는데 왜 너 혼자 그러느냐는 거죠.

옥천 지역이 인구가 5만이니 한 다리만 거치면 그 집 숟가락이 몇 개인지도 알아요. 그러다보니 참 불리한 게 많은데 아무도 문제제기를 안 하죠. 저도 지역민이 된 지 3년 좀 지난 건데, 처음에는 막 잘못된 것을 지적했어요. 그랬더니 일단은 배척하더라고요. 쟤는 여기 사람 아니니 밀어내라는 거죠. 지역 사람을 통해 연결고리를 만들어서 그분이 보증해주면 그때는 좀 오픈이 돼요.

혼자 목소리를 내다가 이러면 안 되겠다 싶어서 다른 엄마들하고 자조모임을 하든지 단체를 만들어보자고 했더니 거기서도 갈려요. 군청에서 싫어하는 단체는 만들지 말자. 좋다, 어디든 다 얘기를 들어보자 했어요. 군청에서 원하는 단체에서 사무국장님이 오셨는데 자기가 공직생활을 30년 해서 군청이랑 친하기 때문에 군청과 협의하면 다 된다는 거예요. 제가 그분께 장애 관련 현안에 대해 물어보았더니 완전히 백지예요. 군청에서 주는 보조금으로 사업하는 데만 관심이 있는 거죠.

장애인부모연대 엄마들끼리 우리가 힘을 가져야 한다고 이야기도 하고, 우리가 관변단체가 되지 않았으면 좋겠다는 생각도 하고 있어요. 우리 아이가 이 지역에서 계속 살지 안 살지 모르겠지만, 어쨌든 하루를 살다 가더라도 있는 동안은 이 지역에 정말 애착을 가지고 살 마음을 갖고 있거든요."

대도시의 비정한 익명성이 때로 방패가 되는 것처럼 '옆집 숟가락 숫자까지 다 아는' 지역의 정서는 때로 합리적인 시스템의 운용을 방해하는 걸림돌이 되기도 한다. 이러한 현실은 장애인과 그 가족이 기댈 수 있는 공공의 관계망이 작동하기 어렵게 만든다. 발달장애인을 지원하는 사회적 시스템이 제대로 작동하지 않는 상황에서 발달장애인의 부모는 향숙 씨처럼 혼자서라도 싸우거나, 입을 다물거나 양자의 갈림길에서 선택 아닌 선택을 요구받는 처지가 되기 쉽다.

"정신적으로 자신을 지키지 못하는 사람들이 자기가 사는 지역에서 사람들과 공감대를 형성하지 못하면 불이익을 당하기도 해요. 할머니랑 발달장애 손녀가 사는 집에 있는데 손녀가 스물세 살이에요. 그 아이가 어제 마을 분한테 두들겨 맞았어요. 마을회관에 막 들어와서 아무거나 뒤져 먹으니까 마을 분들이 짜증이 난 거죠. 결국은 치료를 하고 병원에 가는 걸로 됐어요. 그 손녀가 아무나 따라다니거든요. 할아버지들도. 그러다보니까 마을 이장님도 불안한 거죠. 그러다가 성폭행이 발생하고 임신이라도 되면 자기도 용의선상에 올라가는 거니까. 그래서 그 집에서 시설에 보내고 싶지 않아도 시설에 보낼 수밖에 없는 구조가 된 거죠. 시설에 있을 때도 한 번 그런 일을 당했대요. 그래서 강제 퇴소당해서 할머니 집으로 내려온 건데……"

향숙 씨의 표정에 안타까움이 짙게 묻어났다. 무엇이라도 해주고 싶지만 그저 발만 동동 굴러야 하는 답답한 상황이 그녀의 혀끝을 메마르게 했다. 차별받는 소수자에 대한 태도를 바꾸기 위해서는 '선의'에만 기대서는 안 된다. 차별이 발생하는 구조를 인식하고 새로운 관점과 정보를 받아들이는 과정이 없다면 동정심에서 발로된 '착한 마음'은 언제든지 '차별'의 다른 이름이 될 수 있다.

변화는 한고비를 같이 넘는 마음속에 있다

딸 정은이가 학교폭력을 겪으면서 학교 사회의 장애인 차별을 온몸으로 마주했던 심선화 씨는 지역사회에서만큼은 조금 다른 경험을 하면서 살고 있다.

"정은이가 세 살 때부터 이 동네에 살았어요. 주변 분들이 다 좋아요. 정은이가 새벽에 소리 지른 적이 있는데 다음날 이웃 할머니께 '정은이가 소리 질러서 어제 잠 못 주무셨지요?' 그랬더니 '아니다. 우리는 노인네라서 일찍 잔다. 그래서 못 들었다' 하시는 거예요. 그런데 그 집 손녀가 우리 집에 놀러와서는 '언니 때문에 우리 아무도 못 잤어' 그러더라고요. 나중에 할머니께 다시 여쭤보니 여전히 아니라고 하시면서 실수를 하신 거예요. '얼마나 목이 아플꼬' 그러시더라고요. 아이가 얼마나 힘들까 싶어서 뭐 맛있는 거라도 사줄까 생각했다고 덧붙이시면서요……"

정은이는 학교폭력을 겪으면서 일반 중학교를 그만두고 고등학교를 특수학교로 진학했다. 그러나 강압적인 교육에 적응하지 못했다. 한동안 소리 지르는 방식으로 자신이 받은 스트레스를 풀려고 했다. 곤히 잠들 시간에 고래고래 지르는 소리가 고충이 될 법도 하건만 오랜 세월 함께 교류하며 저간의 사정을 잘 아는 이웃이 모른 척해준 것이다.

"정은이가 자전거를 타고 가면 '정은아 어디 가니?' 물어보고 손 한번 흔들어주시고. 정은이가 쉽게 말을 하는 것도 아닌데 그냥 지나치지 않고 인사를 꼭 해주세요. 자기 손자 챙기듯이요. 그러니 참 감사하다 그러지요. 한번은 정은이가 강아지를 데리고 그 집에 갔어요. 자주 갔던 것도 아닌데 대문이 열려 있으니까 들어간 거예요. 그 집 딸이 혼자 있다가 정은이가 오니까 어떻게 해야 하냐고 자기 아빠한테 전화한 거예요. 아빠가 정은이하고 잘 지내고 과자도 나눠 먹으라고 그러셨대요. 그런 점은 제가 주변 분들한테 참 고마운 부분이에요."

관계를 맺는 것은 상호작용의 과정이다. 따라서 양쪽의 태도에 따라 관계의 향방이 결정된다. 선화 씨는 정은이가 더 큰 사회 속에서 관계 맺기를 위해 밟아나간 과정을 계속 들려줬다.

"정은이가 특수학교에 가면서 공간에 대한 두려움이 생겼어요. 자폐 성향이 더 강해졌다고 할까요. 모든 것에 신경을 곤두세우고 예민해졌어요. 그렇다고 정은이를 집에 가만 둘 수는 없었어요. 마구 돌아다녔던 거 같아요. 대구 시내에 새로 생긴 3호선 모노레일을 타보기로 마음을 먹고 처음엔 멀리서 3호선이 지나가는 걸 보여주었어요. 그다음은 지하철과 지상철의 차이점에 대해 설명해주고요. 처음으로 3호선을 타러 가던 날 얼굴 표정이 불안 불안하더니 전동차가 떠나가라 소리를 지르고 제 옷을 잡아당겼어요. 소매가 쭉 찢어졌죠. 이때 만약 제가 불안해하면 정은이가 더 불안해해요. 차분하게 '엄마가 옆에 있잖아, 괜찮아. 저쪽에 가서 앉을까? 엄마도 3호선 처음인데 방송을 듣지 못하면 내릴 역에서 못 내리잖아. 어느 역에 왔는지 글씨도 봐봐' 그랬죠.

정은이가 소리를 지르면 사람들이 쳐다보고 수군거리죠. 그러면 정은이는 더 예민해져요. 그럴 땐 제가 일부러 큰 소리로 말합니다. '뭐가 어때서! 이쪽으로 돌아설래? 저기 가서 앉을까?' 그렇게요. 정은이가 무섭다고 하면, '엄마가 손잡아줄게!' 그러죠. 제가 크게 말하면 사람들 '애가 예민해서 그런가봐' '엄마가 교육시키려나봐' 그러면서 웅성거림이 잦아들어요. 전에 정은이 옆에 교복 입은 여학생이 앉아 있었는데 정은이가 소리를 지르는데도 끝까지 자리를 지키더라고요. 피할 수도 있는 상황인데도 그랬어요. 참 고맙더라고요."

장애인과 함께 살아나가는 데에 꼭 대단한 무엇이 필요한 게 아니다. 그저 평범하게 대해주는 것. 피하지도 이상한 말로 참견하지 않고, 그냥 자리를 지켜주는 것으로 충분하다.

"정은이가 중학교 2학년 때 치과치료를 받으러 간 적이 있어요. 그때 의사 선생님이 장애아 치료 경험이 없다고 하더라고요. 그래서 제가 그랬죠. 그냥 다른 환자들에게 하시듯 똑같이 하면 된다고요. 치료를 시작하기 전에 제가 그랬어요. '정은아, 지금부터 선생님이 치료를 할 텐데 움직이거나 소리를 지르면 다칠 수가 있어. 그러니까 가만히 있어. 힘들면 손들어.' 그렇게 그날 정은이가 치료를 잘 받았어요. 의사 선생님도 괜찮으셨는지 욕심이 난다며, 스케일링까지 해보자고 하시더라고요. 근데 스케일링은 간호사가 하잖아요. 한번 해보자 싶었고 간호사가 '이건 일반인들 중에도 두 번에 나눠서 하는 경우가 있으니까 우리 안 되면 두 번 해요. 힘들면 손들어요' 그러더라고요. 중간에 정은이가 손을 들었고, 두 번에 나눠서 스케일링을 다 받았어요. 이런 경험을 할 때마다 뭉클해요. 이렇게 또 한고비 넘겼구나 싶어서 저도 모르게 눈물이 나고요."

한 번에 안 된다면 두 번에, 힘이 들면 손을 들고. 변화는 마법도 기적도 아니고 서두르지 않고 한고비를 같이 넘는 마음속에 있다는 것을 선화 씨는 지역 주민들과의 관계 속에서 깨달았다. 함께 살아나가는 길을, 엄마는 그렇게 하나씩 만들어나가고 있다.

"사람이 어렵지만, 사람이 또 힘이죠"

발달장애인을 비하하는 사람들로 인해 집 밖으로 나서길 주저했다는 백미화 씨처럼 장애에 대한 차별은 장애인 가족들이 세상과의 관계 맺기를 주저하게 하는 기제가 되기도 한다. 그러나 그러한 노골적인 차별만이 엄마의 발목을 잡는 것은 아니다. 한영미 씨는 현수 씨가 태어나고 한동안 사회적 관계 속에 어울리기 위해 노력했다. 그러나 쉽지 않았다.

"애 키우면서 처음에는 남편 회사 사람들하고 어디 놀러 가면, 우리 애가 너무 비교가 되는 거예요. 거제에 있는 몽돌해수욕장으로 여름에 놀러 간 적이 있어요. 밤이 되니까 많이 캄캄해서 애가 어디에 있는지 보이지 않는 거예요. 결국 그날 애를 찾아서 바로 돌아와버렸어요. 그 이후로 모임 같은 데 더 안 가게 돼요. 내가 마음껏 즐길 수가 없기 때문에 안 가지는 거예요. 애를 맡기고 가면 참석이 가능한데 그럴 여건이 안 되니까. 친정도 부산이고, 여기 마산에는 내가 아니면 봐줄 사람이 없거든요. 그러니까 자연스럽게 친구 만나러 나간다, 어디 모임에 나간다, 안 하게 됐죠.

나가서 얘기를 해도 다른 사람들의 고민거리나 얘깃거리가 공감이 안 가요. 사소한 얘기들, 애들 자라는 얘기나 시집살이 얘기…… 나도 느끼는 부분이 있어야 되는데 그게 아니니까. 지금도 인간관계가 넓지 않아요. 사람을 만나도 쉽게 다가가지 못해요. 앞으로도 계속 그럴 거 같아요. 애가 어느 정도 커도 내가 바뀔 거 같진 않아요. 같이 학교 다닌 친구들도 가끔 잘 있나 전화할 뿐 정기적으로 만나진 않아요. 내 상황이 다른 친구들 상황하고 다른 걸 일일이 설명하기 싫어요. 내가 자존심이 세서 그러는 건지…… 얘기한다고 이해하는 것도 아니고 그러니 내가 설명해 뭐하겠나 싶기도 하고. 모여서 잡담하는 시간이 많이 아까운 거예요. 이 시간이면 내가 다른 집안일을 하지 싶어서. 그래서 관계 맺는 게 잘 없어요."

한영미 씨가 사람들과 자주 만나지 않는 이유가 단순히 이야깃거리를 공유할 수 없기 때문만은 아닐 것이다. 혼자 아이를 전적으로 돌봐야 하는 부담이 물리적으로 엄마의 몸을 묶는다면, 장애인과 비장애인의 삶이 분리된 사회구조는 최소한의 공감의 가능성조차 지워버린다.

경기로 인한 뇌손상으로 발달장애를 가지게 된 딸 미선이를 키우고 있는 이녕 씨는 부산에서 살다가 결혼 후 서울로 왔다. 두 지역의 거리만큼 자연스레 인간관계에 재편이 일어났다. 그녀는 새롭게 맺는 관계에서 자신이 장애아의 엄마임을 드러낼 것인지 말

것인지를 늘 고민하게 됐다. 아이가 학령기에 접어들면서 학부모 모임에 나가게 되었지만 사실 첫 만남부터 쉽지 않았다. 특수학급이 적었던 중학교까지는 비장애인 엄마들 중심의 모임이었던 것이다.

"특수학급이 아닌 본반 엄마들하고 모이면 할 말이 없는 거예요. 다른 비장애 아이의 엄마들이 성적 얘기, 학원 얘기, 시험 얘기하고 있으면 불편하니까요. 그래서 모임에 한 시간에서 한 시간 반 정도도 늦게 갔어요. 그런 얘기 다 끝나고 오로지 엄마들 얘기가 나올 때에 가는 거죠. 그게 제 마음에 상처가 됐을지도 모르겠어요.

그런데 그때는 엄마들이랑 친하게 지내려고 했던 이유가 내 아이를 위해서였거든요. '이 엄마랑 친하면 이 집 아이랑 우리 아이랑 친해지니까'라는 목적을 가지고 갔는데 이제 그런 단계가 지난 것 같아요. 그냥 인간 대 인간의 모임으로 가는 거지 학부형으로서 어떤 정보를 얻으려고 가는 건 아니게 된 거죠. 그러다보니까 좀 늦게 가는 게 저도 편하고 그 사람들도 저를 의식하지 않고 말을 할 수 있어서 편하고.

고등학교에 올라가니까 중학교 때와는 달리 특수학급 친구들이 많아요. 그래서 저도 본반 모임보다는 특수학급 모임에 주로 나가요. 본반 엄마들 모임에 가지 않아도 특수학급 엄마들 간의 유대관계가 충분히 만족스러워요. 특수학급 엄마들 중에도 정말 훌륭하신 분들이 많거든요."

같은 처지의 공감대를 가진 엄마들과 만나면서 이넘 씨는 조금 숨통이 트이게 됐다고 한다. 삶에서 어떠한 문제에 맞닥뜨렸을 때 비슷한 경험을 공유한 이들을 찾게 되는 건 자연스러운 욕구일 것이다. 사람들은 이러한 관계에서 실질적 정보망과 구구절절 설명하지 않아도 내 처지를 이해하는 이들이 주는 위안을 기대한다. 그런 면에서 장애인 부모들의 모임은 많은 발달장애인 엄마들에게 주요한 소통의 장이 된다. 사회적 관계에 대해 거의 기대가 없는 한영미 씨에게도 마찬가지다. 그녀는 전국장애인부모연대 경남지부 활동만큼은 적극적으로 함께하고 있다.

"나이에 관계없이 만나서 이런 얘기 저런 얘기 하면 편하죠. 같은 아픔을 가지고 있다는 것이 굉장히 편해요. 다른 사람들이 어떤 이야기를 해도 수긍이 되고 내가 어떤 얘기를 해도 받아들여지고, 그게 너무 좋은 거예요. 내 머리에 지식이 차는 거 같기도 하고 재밌어요. 처음에는 아무것도 모르는 상태로 가서 '장애인 차별 철폐!'를 외치는데 정말 가슴에서 뭔가 올라오더라고요. 그리고 인권이 어떻고 우리의 권리가 어떻고 할 때는 막…… 이래저래 주워들은 걸 좀 체계적으로 정리를 해야 되겠다 싶었어요. 어딜 가도 애가 이러니까 엄마도 도매금으로 넘기는 식으로 대하는 게 너무 싫더라고요. 그래서 나름대로 내 기준과 내 상황에 맞게 공부를 한 거거든요. 그러면서 내가 아는 걸 누군가에게 도움이 될 수 있도록 한다는 거, 그게 좋아요."

희귀병과 발달장애를 함께 가진 아이의 엄마로 학교에서 고군분투하던 백미화 씨도 2015년부터 전국장애인부모연대 울산지부 활동에 참여하기 시작했다.

"힘들고 괴로운 일들을 혼자 안으로만 계속 삭히다가 더는 안 되겠어서 장애인부모연대에 문을 두드린 거예요. 저보다 먼저 장애아를 키운 엄마들 이야기도 듣고 싶었고요.

큰애는 몸이 많이 불편하거든요. 그래서 건물에 이미 설치된 시설물도 아이 몸에 맞게 바꿔야 해요. 작은 시설물은 혼자 건의해도 바꿀 수 있죠. 그런데 큰 시설물은 그렇지 않더라고요. 학교와 혼자 부딪쳐 싸우는 게 쉽지 않아요. 너무 힘들어요. 부모들이 모여 있는 곳에 가서 조언을 구하자 싶은 거죠. 가보니까 저희 애랑 같은 병을 가진 아이가 울산에도 여러 명 있더라고요. 그중 여덟 명의 엄마가 뭉쳤죠.

제가 올해 처음으로 울산 장애인부모연대 북구지회 총무를 맡았어요. 일을 해보니까 '나는 이럴 때 그랬는데 저렇게 해보면 괜찮겠네' 이런 생각이 들어요. 저보다 어린 자녀를 둔 엄마한테는 '나는 이렇게 했어' 얘기해줄 수도 있어서 좋고요. 그리고 다른 사람들에게 아이가 아프다고 말 못하고 그러지 말라고 강조해요. 제가 가장 후회되는 게 아이 걸어 다닐 수 있을 때 같이 밖에 못 다니고 같이 여행 못 다녔던 것들이거든요. 자신 있게 밖으로 나가서 아이가 걸을 수 있을 때 이곳저곳 다니라고 말하죠."

다른 엄마들과 만나고 서로의 이야기를 듣게 되면서, 또 서로의 어려움을 나누게 되면서 백미화 씨는 더 이상 혼자가 아니라고 생각하게 됐다. 미화 씨는 이렇게 말했다.

"장애를 가진 아이의 엄마들끼리 나눌 수 있는 게 있고, 같은 희귀병을 앓는 아이 엄마들끼리 나눌 수 있는 이야기가 있겠죠. 그렇지만 꼭 그렇기만 한 건 아니에요. 장애아를 키우지 않는 엄마와 이야기를 하다보면 서로 배우는 게 또 있더라고요. 그러니 사람을 만나면서 가리거나 순서를 정할 필요가 없는 것 같아요."

숲의 식생이 다양할수록 그 안에 서 있는 한 그루의 나무도 더 풍성히 자랄 수 있듯이 사람의 관계도 다르지 않다는 의미일 것이다. 직장생활을 하면서 발달장애를 가진 딸 수연이를 키우고 있는 김은주 씨도 다양하게 맺어온 관계가 가장 큰 힘이 됐다고 강조했다. 직장에 다니느라 여러 모임에 나갈 수 없었지만 가까운 주변 사람들과 이야기도 많이 나누고 돈독한 관계를 유지했다.

"먼 친척보다 가까운 이웃이 낫다는 말이 맞더라고요. 우울할 때 친구랑 만나서 커피 한잔하면 풀릴 때가 있어요. 살아가는 데 있어서 사람에게는 가까운 친구도 필요하고 이웃도 필요하더라고요. 이건 꼭 장애아 엄마에게만 해당되는 말은 아닐 거예요. 저 같은 경우에는 회사 동료들과 아이의 장애에 대해 이야기하지 못해요. 그렇지만 동료들과는 또 다른 기쁨을 공유하죠. 그런 거예요."

6

분기점, 유턴과 직진 사이

성년기 발달장애인과 엄마의 고군분투 길 찾기

고은채 씀

이야기 하나,

유턴, 아직 포기하지 않았다

"어디라도 갈 수 있으면 좋겠어요. 그런데 갈 곳이 없잖아요. 막막해요."

고등학교 졸업을 앞둔 딸을 바라보는 이찬미 씨의 표정이 밝지 않다. 그녀의 딸 소민이는 장애인 특수학교에 다니고 있다. 학교생활이 얼마 남지 않았다는 것은 소민이의 아쉬움을 넘어 이찬미 씨의 걱정으로 내려앉는다.

자녀가 계속 고등학생으로 지낼 수 있게 해달라는, 이상한 바람을 갖는 사람들. 바로 성인기 발달장애인 자녀를 둔 엄마들이다. 졸업 후 갈 곳이 없는 성인기 발달장애인과 그이의 엄마는 인생의 막다른 길에 서게 된다. 함께 춤추며 음악을 즐겼던 친구들도, 통학버스를 타고 지나던 익숙한 거리도, 새로운 볼거리에 놀랄 기회도 모두 사라져버린다. 홀로 남은 '다 큰' 장애인의 시간은 더 이상 흐르지 않는다. 엄마의 시간도 멈춘다.

누구든 갈 곳이 필요하다

"보통 고3이 되면 전공과를 가든지, 직장생활을 하거나 그냥 집에 있든지, 그 세 가지 중 하나인 것 같아요."

김숙자 씨는 성인기를 맞는 발달장애인의 미래를 이렇게 말한다. 고등학교 졸업을 앞둔 발달장애인은 지역의 장애인복지관 등을 통해 개별적으로 직업 평가를 받은 후에 대학과 유사한 훈련과정으로 '전공과'에 진학할 수 있다. 전공과에서는 취업 훈련으로 1~2년간 교육을 받고 이후 직업체험과정도 밟을 수 있다.

김숙자 씨는 아들 승윤이의 전공과 진학을 기대했지만 바람과 달리 아들은 떨어졌다. 또다시 놀 거리, 배울 거리를 찾아 여기저기 헤매야 하나. 아니면 종일 돌봐야 하나. 그녀는 앞이 까마득했다.

"맨땅에 헤딩하는 기분이에요. 고등학교 졸업이 코앞인데 전공과에서 떨어지고 나니까 지원해주는 곳도 없고, 엄마랑 애랑 딱 둘이서 맨땅에 서 있는 느낌이랄까요. 말도 못하게 마음이 무거워요."

그렇지만 엄마들은 예전처럼 삶을 송두리째 자녀에게 맞추지 않는다. 아이는 컸고 그 세월 동안 엄마는 깨달았다. 지난 20년간 그래왔듯이 한 걸음씩 천천히 가야 한다는 것을. 그런데도 우두커니 멈춘 발은 길을 잃었다.

"전공과 진학의 턱이 좀 높아졌다고 해야 하나. 그래서 승윤이가 걱정이었죠. 왜냐면 전공과도 취업을 목적으로 하기 때문에 기능적으로나 생활 부분에서 괜찮은 애들을 우선적으로 뽑거든요."

전공과 진학은 소위 '기능'을 기준으로 결정된다. 발달장애인 누구나에게 열려 있는 문이 아니다. 이찬미 씨는 전공과 진학에 회의적이다.

"전공과도 장애가 심하면 안 받아요. 통학버스도 운영하지 않으니까 애가 혼자서 통학을 못하면 부모가 아침저녁으로 출퇴근을 시켜야 해요. 결국 기능이 되는 애들만 가게 되는 거지, 모두 갈 수 있는 게 아니에요.

소민이는 전공과로 진학하라는 권유를 받았어요. 그런데 전공과에는 직업을 갖기 위한 촘촘한 훈련과정이 거의 없어요. 조립하는 것, 끼우는 것, 만드는 것, 손 근육 키우는 것 같은 걸 하니까. 내가 볼 때, 전공과 중에 한 반 정도를 제외하고는 대부분 다 돌봄이에요. 훈련과 교육이라기보다는 돌봄이지. 졸업하고 취업하는 애들도 있겠지만 나머지 애들은 그 시간을 그냥 보내는 거예요. 그러면 2년 후에도 지금과 차이가 없어요. 마찬가지 상황이 되는 거죠."

전공과에서 훈련을 받아도 취업을 할 수 없는 경우가 훨씬 많다. 매체에 나오는 비장애인 일터에 근무하는 발달장애인의 모습은 예외다. 이런 이미지는 본의 아니게 수많은 실제 상황들, 말하자면 전공과에 진학할 수 없는 장애인과 전공과를 졸업해도 취업할 수 없는 장애인들의 삶을 드러나지 않게 한다. 전공과 과정을 밟더라도 막막한 삶은 계속되는데 말이다. '다 큰' 자녀를 계속 집에 머물게 할 수 없는 엄마는 다시 주간보호센터를 알아보지만 역시 녹록지 않다.

"일단 주간보호센터에 맡기려면 첫 번째 조건이 '문제행동'이 없어야 한다는 거지. 문제행동이 생기면 바로 집으로 가겠다고 각서를 써요. 전공과에서 2년간 있었다고 해도 취업이 안 되면 끝이죠. 그다음에는 갈 데가 없어. 중증은 받아주는 곳이 없어요."

이찬미 씨는 주간보호센터도 누구나 갈 수 있는 곳이 아니라고 말한다. 주간보호센터는 장애인이 낮 동안 머물며 프로그램에 참여하고 생활을 하는 기관으로, 이용 기간과 시간에 제한을 두고 있다. 거주시설과 달리 소규모 형태로 지역사회 내에 위치해 있어 장애인 당사자의 사회 참여를 높이는 한편 가족과 근거리 생활이 가능하다는 면에서 주간보호센터는 인기가 있다. 하지만 기초생활수급 대상이 아닌 경우 만만치 않은 비용을 부담해야 한다. 무엇보다 이용 가능 여부가 기관의 심사 기준에 따라 결정된다. 용변 같은 신변처리에 어려움이 있거나 감정과 행동에 기복이 심해 문제가 발생하는 경우에는 퇴소 조치되거나 아예 발을 디딜 수 없다. 이런 상황은 '나쁜' 기관과 '못된' 종사자 때문에 벌어지는 일이 아니다. 기관의 환경과 인력을 결정하는 비용은 복지예산과 맞닿아 있고, 주간보호센터의 이용은 아직 발달장애인의 당연한 권리가 아니기 때문이다.

사는 곳, '어디든'일 수는 없다

장애인 거주시설은 오갈 데 없는 장애인이 살아갈 공간으로 자연스럽게 얘기되곤 한다. 장애인 '시설'이라고 하면 동시에 인권 유린을 떠올리는 사람도 있겠지만, 많은 사람들은 돌봐줄 사람 없는 장애인을 위해서는 '어쩔 수 없는 선택'이라고 생각한다. 그렇지만 '당신이 10년, 20년의 시간을 시설에서 생활해야 한다면 어떤 마음일까?'라는 질문을 받으면 '어쩔 수 없다'는 사람들의 생각이 그제야 주춤거린다.

서른두 살 자폐성 장애인 아들을 둔 이정선 씨는 카톨릭 장애인 부모회를 통해 수년 전부터 시설을 돌아봤다. 엄마 없을 때를 살아갈 아들을 위해서였지만, 그때마다 슬펐다.

"주간보호센터도 그렇지만 거주시설도 들어갈 수 있는 인원이 한정이 돼 있어서 경쟁이 심해요. 그것도 정보 전쟁이에요. 또 돈

없이는 오라는 곳도 없어요. 최소한 1억은 있어야 안전하고 좋은 곳에 들어갈 수 있다는 말도 있고요. 우리는 수급권자도 아니고 그렇다고 잘사는 사람도 아닌데 그러면 들어갈 데가 없어요. 물론 엄마가 자녀 포기 동의서를 쓰면 꽃동네 같은 시설에는 들어갈 수 있죠. 그런데 그건 아이를 버리는 거잖아요.

어떤 엄마들은 시설이 중요하다고 그러는데, 저는 시설은 그리 중요하지 않다고 봐요. 소박하지만 인권이 유지되는 곳이면 좋겠어요. 어떤 마인드로 운영하느냐가 중요하지. 사람 대접을 받고 살아야 되잖아요."

모든 엄마가 자녀를 돌볼 여건에 있는 건 아니다. 생계를 꾸려야 하는 사람, 몸이 아픈 사람, 어떤 이유에서든 자녀를 데리고 있을 수 없는 다양한 상황에 놓인 엄마들이 있다. 하지만 돌봄이 엄마에게만, 가족에게만 맡겨진다면 '어쨌든 좋은 시설' '갈 수 있는 시설' '형편이 되는 시설'을 찾아 헤매는 순간을 맞게 된다. 이찬미 씨는 시설로 아이를 보낼 고민하는 한 엄마의 연락을 받은 적이 있다.

"내가 예전에 시설을 알아보기도 했으니까 묻더라고. 그 엄마는 애를 집에 데리고 있었는데 애가 가만히 있지 않고 소리를 지르고 그랬거든요. 형제들은 당연히 듣기 싫어하고, 엄마는 주말에 애를 데리고 어디든 나가는 거지. 어휴 힘들어. 그런데 좋은 시설이 어디 있겠어요. 시설에 들어가는 순간 퇴행이야. 애를 1대 1로 보는 것도 아니잖아. 소리 지르는 게 그 아이의 소통 방식이었는데 이런 게 없어질 수도 있잖아요. 또 다른 강성으로 나타날지도 모르는 거고. 근데 부모들이 이런 생각을 못하는 거예요.

우리 소민이는 프래더윌리잖아요. 외형적으로 살이 찌니까 눈으로 보이는데, 애 아빠도 나도 그걸 걷잡을 수 없으니까 시설을 생각한 적이 있어요. 시설은 정기적으로 밥 주고 간식만 주니까. 소민이가 시설에 거주하고 내가 돈을 들여 낮 프로그램을 찾아서 활동보조로 소민이를 데리고 나오면 되지 않을까. 그렇게 하면 살은 1년 안에 빼겠다는 생각이 들었던 거지. 몇 개월 만이라도 있을까 생각했어요."

프래더윌리증후군은 식욕 억제가 되지 않아 살이 찌는 경우가 많다. 그래서 엄마들은 늘 자녀의 체중과 씨름을 한다. 냉장고 문을 잠그고 식단을 조절하고 밤마다 달리기를 하는 이 모든 게 자녀와 '이른 이별'을 하지 않기 위한 몸부림이다.

그녀는 아직도 "소민이 몇 킬로니? 신경 좀 써라"는 주변의 충고를 들으면 머릿속이 복잡해지고 오락가락하는 마음을 잡기 어렵다고 말하다.

"그런 말 하는 사람을 보면 참 오지랖이라는 생각도 들어요. 하지만 결국 나를 생각해주는 거잖아. 내가 인권교육하고 활동하면서 아이 삶에 대해 점점 시야가 넓어졌다고 생각했는데도 그런 말을 들으면 또 순간 생각이 좁아지는 거야. 슬퍼. 어떤 게 맞는지 이럴 때는 정말 누구한테라도 묻고 싶어져요."

이찬미 씨의 이런 답답한 마음을 풀어준 것은 그녀의 딸이었다.

"알아봤던 시설에 소민이랑 같이 간 적이 있어요. 소민이한테 여기서 월화수목 나흘만 자고 금요일 저녁에 엄마한테 와서 자면 어떠냐고 물었어요. 자기는 거기 시설이 좋대. 그런데 잠은 집에 가서 잔다는 거야. 그 순간 아, 내 욕심이었구나. 부끄러웠어요. 소민이는 할머니 집에 가서 새벽 한 시가 넘어도, 집에서 잔다고 왔었거든요. 집에 와서 '와! 좋다' 그런 앤데. 애한테 안 물어봤으면 큰 실수할 뻔했구나 싶었지."

그녀는 인권교육과 인권활동을 시작하면서 딸에게 '물어볼 생각'을 하게 됐다고 고백한다.

"엄마들은 애가 앞으로 사람들하고 함께 살아가야 한다는 생각 때문에 스파르타식으로 하거든. 기다려주지 못하고 주입식으로 하게 돼요. 프래더윌리 엄마들끼리 하는 말인데 어떤 애는 '숨 쉬는 것만 자유롭고 다른 건 모두 허락받아야 한다'고 그래. 사람들이랑 섞여서 살려면 이래야 한다 저래야 한다는 강박이 머릿속에 있었던 거지. 만약에 인권활동을 만나지 않았다면 나도 똑같은 장애 부모야. 장애 부모일 수밖에 없어요. 애도 좋은 거 싫은 거, 다 자기 하고 싶은 게 있는데. 물어봐야지!"

비교적 최근까지도 발달장애인은 의사결정의 주체로 초대받지 못했다. 발달장애가 생각과 판단, 결정에 영향을 미친다는 이유로 발달장애인의 의사결정은 가정에서도 사회에서도 존중받지 못했다. 의견을 피력하고 선택, 결정하는 데 어려움이 있는 발달장애의 특성은 걸음이 불편하거나 발음이 불확실한 것과 마찬가지로 차별의 이유가 되어서는 안 된다. 자기와 관련된 사안에 의견을 밝히고 결정할 수 있는 기회는 기본적으로 주어져야 한다. 기회를 만드는 것은 그 '어떤' 사람의 능력이 아니라 우리 사회가 키워야 할 힘이다.

아무것도 아닌 사람은 없다

시설을 방문했던 기억을 더듬는 이정선 씨의 목소리가 떨린다.

"시설에 갔더니 그냥 애들이 방에 멍하니 앉아 있는 거예요. 프로그램도 없이 방에 가만히 있더라고요. 사실 성인이 된 비장애인도 특별한 프로그램이 있는 건 아니죠. 우리 어른들도 집에 가만히 있으니까요. 하지만 비장애인들은 영화 구경도 가고, 놀러도 가고, 자기 마음대로 다닐 수 있잖아요. 그런데 이 애들은 방에 우두커니 앉아서 해지기만 기다리고 있는 거예요. 보면서 너무너무 속상했어요."

가만히 있어야 할, 아무것도 아닌 사람은 누구도 없다. 때로는 잘하는 것, 좋아하는 것들이 무엇인지 알 길 없는 사람도 있다. 혹은 움직일 수 없거나, 감정과 생각도 확인할 수 없는 경우도 있다.

하지만 엄마들은 자녀에게 눈에 띄는 변화가 나타나서 무언가 계속 시도하는 것이 아니다. '일상생활이 안 된다'고 할지라도 삶은 멈추지 않기 때문에 움직이고 찾아 나선다.

세상을 살아가는 데 필요한 '일반적인 기능' 혹은 '특별한 능력'은 발달장애인에게만 요구된 조건이 아니다. 대부분의 사람들은 사회의 기준과 평가로부터 자유롭지 않다. 사람의 존재에 이유와 필요를 묻는 사회의 기준들. 그 속에서 발달장애인은 투명인간이 되어간다. 사람의 존재 자체를 거부하는 사회의 기준들에 이찬미 씨는 의문을 품는다.

"처음 소민이를 통합학교에 보낼 때 말을 할 줄 아냐, 글을 아냐, 대소변을 가리냐, 이런 걸 묻는 거예요. 소민이는 열 살 때 '엄마'라고 말했고 다른 말은 '어, 어' 정도밖에 못했는데. 그렇게 물으니 할 말이 없더라고. 내가 '못해요'라고 답하면, 학교는 '안 되겠습니다' 하고 끝나는 거죠. 다행히 옆에 있던 특수교사 선생님이 자기가 학교에 있는 이유가 바로 소민이 같은 아이들을 위해서라고 말해줘서 학교에 다니게 됐죠. 묻는 대로 답하면 못 가는 거였어요. '다닐 수 있겠어요?'라고 물으면 쫄아서 포기하게 되는 거지. 내가 인권교육과 장애인 인권운동을 하면서 느낀 게, 이런 질문이 이상하다는 거예요. 생각해봐요. 학교와 세상의 기준을 만들어놓고 거기에 사람을 끼워 맞추려는 거잖아요."

누구나처럼, 발달장애인의 교육도 법적으로 보장된 권리이다.

2016.01 산 영

법에는 학교를 다닐 수 있는 사람의 '기능적' 기준은 당연히 정해져 있지 않다. 그런데도 기준은 보란 듯이 작동한다. 심지어 그 기준을 거부하거나 문제 삼으면 되레 이상한 사람 취급을 받는다. 사회가 정한 기준에 적합하지 못하면 아무것도 아닌 사람이 된다. 분명한 것은 기준을 그대로 받아들여왔다면 우리 사회는 아무것도 변하지 않았으리라는 사실이다. 기준을 의심할 때 변화도 시작된다. 이찬미 씨는 발달장애인에게 각각의 개별화된 접근이 필요하다고 말한다.

"전에 어떤 주간보호센터에서 운동을 시킨다고 해서 보니까 동네 공원에 다녀오는 게 전부였어요. 매일 하는 것도 아니고 일주일에 두 번. 정말 한심스러워서. 장애 당사자들도 다 개인의 특성이 있어요. 정적인 것을 좋아하는 사람에게는 정적인 프로그램을 해줘야지. 살랑살랑하더라도 말이에요. 또 에너지가 넘치는 사람은 밖에 나가서 에너지를 발산케 해주고. 그런데 우르르 데리고 일괄 산책하고는 '운동합니다'라고 말하더라고. 각자 할 수 있는 운동이 다른 거잖아요."

한 명 한 명에 맞춘다면 기준은 무의미해진다. 구분하고, 배제하는 '기준'을 무력화시키는 방법 중 하나가 개별적 접근이다. 이찬미 씨는 딸을 보며 더욱 이런 생각을 하게 됐다.

"프래더윌리증후군 당사자들은 흥이 있어요. 100킬로 넘는 사람들도 춤을 추면 얼마나 유연한지 몰라. 그래서 문화예술단 같은 걸 만들고 싶다는 생각을 했어요. 소민이 어렸을 때부터 막연히 생각했던 건데. 연주하고 춤도 추는 음악대 같은 거요. 애들하고 부모들하고 다섯 명만 마음이 맞으면 가능하겠다 싶었거든요. 근데 막상 내가 이런 이야기를 꺼내니까 장애 아이를 둔 엄마들이 콧방귀를 꼈어요. 우리 애들을 누가 써주냐고, 이렇게 큰 몸을 어디 내놓냐고, 말도 안 된다고 그런 거지. 나는 그걸 아름다운 것으로 왜 보지 않는지, 그게 진짜 속상했어요."

그녀는 엄마들의 반응에 상처받았지만 아직은 포기하지 않았다. 마음 맞는 사람들이 나타나면 언제든 해볼 거라고 말한다. 이찬미 씨는 소민이와 함께 사회 기준에 끼워 맞추며 낑낑대는 대신 기준을 해체할 야무진 꿈을 꾼다.

이야기 둘,

직진, 엄마들은 고군분투 중

낯설지 않아야 두렵지도 않다

성년기 발달장애인 자녀를 둔 엄마들의 또 다른 고민은 자녀가 세상 속으로 나아가는 것이다.

"성범죄는 보통 주변의 아는 사람들한테 당한다잖아요. 애가 어렸을 때에는 아파트 경비 아저씨한테 도와달라고 바로 말했거든요. 우리 애가 지적으로…… 이렇게 솔직하게 말하면서요. 근데 아이가 커갈수록 주변 사람들이 관심을 안 가졌으면 좋겠더라고요. 장애를 꼭 집어서 어떻게 하면 어쩌지 하는 걱정 때문에요. 아이러니한 일이죠. 제가 외출했을 때 아이가 먼저 집에 도착할 일이 생기면 옆집에 열쇠를 맡길 수도 있는데 요즘은 애한테 기다리라고 해요. 전에 애가 강아지를 데리고 혼자 나간 적이 있었는데 돌아와 서는 어떤 할아버지가 말을 걸었다는 거예요. 듣는데 덜컹하더라 고요. 그 할아버지는 호의였을 텐데 애가 혼자였으니까 마음이 다 르더라고요."

고등학생 딸을 둔 이념 씨는 일상이 걱정이다. 발달장애인 딸을 둔 또 다른 엄마는 "아이가 수녀원에서 사는 게 행복할 것 같다"고 말하기도 한다.

상대방이 보여주는 관심과 호의를 경계 없이 받아들이고 신뢰 하는 특성을 지닌 발달장애인의 경우에 성폭력 같은 위험에 더 쉽 게 노출될 수밖에 없다. 이런 모습이 발달장애인 모두의 특성은 아 니지만 일면이기도 하다. 심선화 씨도 스물세 살 된 딸 정은이가 장애인으로, 여성으로 맞닥뜨릴 세상을 생각하면 우울해진다.

"집 앞에 벤치가 있어요. 정은이가 어디 갔다 오면서 꼭 거기에 앉거든요. 그래서 거기에 남자가 앉아 있으면 제가 괜히 째려봐요. 저도 모르게. 그 남자가 혹시 우리 정은이가 장애인인 줄 알고 어 떻게 할까봐서요. 동네 사람들에게 애가 성폭행을 당할까봐 걱정 이 된다고 이야기한 적이 있어요. 그랬더니 정은이뿐 아니라 딸을 둔 부모는 다 비슷한 걱정을 한다고 하더라고요. 똑같이 걱정이 되 겠죠. 근데 저는 정은이가 더 걱정이 돼요."

성폭행과 같은 범죄는 우리 사회만의 특별한 문제가 아니다. 또 개인이 노력한다고 안전이 완전하게 보장되는 것도 아니다. 범죄를 막기 위한 사회적 조치가 있어야겠지만, 우리 사회에서 필요한 시급한 조치는 성폭력 피해자를 바라보는 시선을 바꾸는 것이다. '만만하게 보였으니까 그랬지' '네가 유혹했을 거야' 같은 시선 때문에 성폭력 피해자는 우리 사회에서 더 고통스럽다. 자신의 '정숙함'을 증명해야 온전한 피해자로 인정받는 사회가 아니라면 피해자도 자유롭지 않을까. 발달장애인 여성 피해자도 자신의 정숙함과 장애를 끊임없이 증명하지 않아도 될 테니까 말이다.

이런 자기 증명 상황은 발달장애인 '가해자'에게도 벌어진다. 자폐성 장애인 스물세 살 현수 씨는 마을버스에 함께 탔던 여중생의 어깨를 껴안은 일로 성추행의 가해자가 되었다. 엄마 한영미 씨는 할 말이 많다. 타인을 거부감 없이 받아들이는 특성이며 자폐 성향이면서도 밝고 즐거운 아들의 성격, 그리고 일반 고등학교를 다녀서 교복 입은 학생을 후배로서 좋아하는 모습 등. 하지만 법원에서는 소용이 없었다. 아들과 엄마는 사건을 부인하지 않는다. 단지 엄마는 '사회가 일반 사람들의 범죄 기준으로 장애인을 보는 것'에 여전히 아쉬움을 가진다. 사회가 발달장애인에 대해서 모른다면 영원히 채울 수 없는 아쉬움이 될 것이다.

발달장애인이 자신을 잘 해명할 수 있느냐의 문제가 아니라 반대로 사회가 발달장애에 대한 공감과 이해를 얼마나 적극적으로 시도하느냐가 중요하다. 모르는 사람은 계속 낯설 수밖에 없고, 우리가 아니라 '그들'이 돼버린 존재는 두려움으로 남게 된다. 함께 살며 낯설지 않게 하는 것. 통합이 중요한 이유다.

세상을 마주할 힘을 키운다

"승윤이가 버스 타는 걸 좋아하거든요. 저랑 같이 한두 번 연습하고 단골 미용실에 혼자 보내봤어요. 버스 타고 가서 머리 자르고 오라고 시켰죠. 미용실에 전화도 해놓고 제가 차를 끌고 뒤를 쫓아 갔어요. 그런데 괜한 걱정이었어요. 혼자 버스 타고 가서 머리도 자르고 집에도 잘 왔어요."

김숙자 씨가 불안한 마음을 다독이며 아들의 자립을 조금씩 시도하게 된 것은 한 엄마의 모습과 마주하면서부터다.

"그 엄마 아들은 자폐예요. 그 애도 버스 타는 걸 너무 좋아하는데 노선도 읽을 줄 알더라고요. 아이 혼자 밖에 보내면 엄마는 당연히 불안하잖아요. 그런데 이 엄마는 용감하게 내버려둬요. 애는 알아서 여기저기 돌아다니고요. 한번은 어떤 분에게 전화도 받았대요. 애가 혼자 있는 게 이상하니까 지나가던 사람이 엄마한테 전화를 건 거죠. 애가 전화번호를 가지고 있었으니까요. 근데 이 엄마가 전화를 받고 '아, 그 애 지금 취미생활 중이에요' 그러면서 괜찮다고 신경 쓰지 말라고 한 거죠. 애가 돌아다니다가 사고를 쳐도 '아휴, 죄송해요' 하고는 그냥 두고. 그 이야기를 듣고 저도 마음을 먹은 거예요."

혼자 버스를 타고 가버린 아들을 한참 못 찾은 적도 있다며 웃는 김숙자 씨. 그녀는 아들과 함께 연습 중이다. 이찬미 씨 역시 딸 소민이가 스스로 경험하고 세상과 만나기를 바라며 새로운 시도를 한다.

"소민이가 아픈 거 슬픈 거 다 겪어야 한다고 생각해요. 경험 없이 어떻게 경험이 만들어지겠어요. 언젠가 소민이를 데리고 친구 장례식장에 갔어요. 엄마들은 장애 있는 애들은 그런 데 안 데리고 다니거든요. 근데 가서 봐야지! 나는 가서 엄마 아는 사람이 죽었다고 했어요. 소민이가 '왜 그래?' 묻길래 배가 아파서 죽었다고, 이제 볼 수 없다고 말해줬죠. 절하는 거 보더니 뭐하냐고 하더라고요. 잘 가라고 인사한 거니까 너도 해보라고 알려줬어요.

소민이가 사람들의 시선에 예민한 편이거든요. 귀신같이 알아. 자신을 어떻게 보는지 파악하는 거예요. 그리고 저 사람이 자기를 보는 거냐고 나한테 물어보는 거지. 어릴 때는 계속 아니라고 얘길 했어요. 그런데 어느 순간부터 그럴 필요가 없다고 생각이 든 거야. 애도 느낀 감정이 있잖아요. 사실대로 얘길 해줘야지."

기쁨과 놀라움 때로는 슬픔과 괴로움일지라도 함께 경험하며 단단해진다. 이찬미 씨는 장애인 부모에게도 경험이 중요하다고 강조한다.

이정선 씨에게도 아들의 그룹 홈 생활은 용기가 필요한 결정이었다.

"석현이를 그룹 홈에 보내니까 처음에는 다른 엄마들이 수군거렸어요. 애를 버렸다고. 애를 왜 저런 데 살게 하냐고. 엄마들은 못 믿는 거죠. 나도 그랬지만 엄마들은 자기가 애한테 제일 잘하는 줄 알고 있어요. 그런데 나중에 보니까 애들이 그룹 홈 선생님을 너무 좋아했어요. 선생님이 남자였는데 요리사 자격증도 있고 음식을 진짜 잘하는 거예요. 선생님이 젊고 형 같아서 애들이 잘 따랐어요."

석현 씨는 서울 혜화동에 있는 장애인 낮 프로그램 기관인 비둘기교실을 스무 살부터 12년간 다녔다. 이정선 씨는 비둘기교실에서 만난 엄마들과 같이 그룹 홈을 준비해왔다.

"엄마들 열댓 명이 한 달에 10만 원씩 2~3년 동안 모았어요. 그룹 홈을 할 때 돈이 필요하니까요. 그룹 홈도 따내기 굉장히 힘든데 비둘기교실 원장님이 다행히 그걸 딴 거예요."

장애인 그룹 홈은 4~5명 정도의 장애인이 한 집에 모여 사는 공동생활 형태로, 사회복지사 등의 담당자가 장애인의 신변과 안전을 돌보며 생활한다. 공동생활이라는 한계가 있지만 장애인 자립생활의 한 모델로 시도되고 있다. 정부와 지자체의 계획에 따라 추진, 지원이 되기 때문에 지원의 규모며 추진 정도도 전체 장애인 주거형태로 볼 때 아직 미미한 수준이다. 게다가 가족과 떨어져 생활하는 그룹 홈에 자녀를 맡기는 선택이 엄마들에게는 아직 낯설기만 하다. 이정선 씨 역시 그룹 홈 시작이 쉽지 않았다고 말한다.

"막상 그룹 홈을 하려니까 엄마들이 안 한다고 나자빠진 거예요. 원장님도 기가 막히죠. 그룹 홈을 따냈는데 엄마들이 안 한다고 하니까. 저는 애가 자폐라 안 될 줄 알았는데 원장님이 하자길래 전 무조건 한다고 했어요. 제일 처음으로 제가 한다고 하고 간신히 네 명이 모여서 시작을 한 거죠. 석현이가 그렇게 5년 동안 그룹 홈 생활을 했어요."

몇 년 전 비둘기교실이 보호작업장으로 바뀌면서 석현 씨는 낮에는 보호작업장에서, 저녁에는 그룹 홈에서 생활해왔다. 그룹 홈 생활은 석현 씨에게도 엄마에게도 낯설지만 새로운 경험이었다.

"그룹 홈을 시작하고 얼마 안 돼서 어느 날 애들을 길에서 봤는데 글쎄 모른 척을 하더라고요. 동성고등학교 앞에 가서 쟤네들이 어디로 가나 골목에서 숨어서 봤는데 우리 엄마들을 발견하고는 막 뛰어서 도망가는 거예요. 말도 잘 못하는 애들인데 자기들끼리 좋아서 달아나는 거예요. 어쨌든 감정적인 것은 성인이니까 그 나이 또래의 애들이 독립하고 싶은 거잖아요. 그때 '어머, 쟤가 저런 애였나' 싶으면서도 '애들이 저기가 좋구나' 생각했어요. 아주 색다른 체험이었다니까요."

엄마 아닌 나를 욕망한다

자녀의 미래를 위해서는 온몸을 부딪쳐온 엄마들이지만, 그래도 마주하고 싶지 않다고 입을 모으는 순간이 있다.

"아기를 낳는다고 하면, 그것만큼은 힘들 거 같아요. 승윤이가 애를 갖는…… 그 부분에서 저는 막혀요."

줄곧 밝은 얼굴을 하던 김숙자 씨가 조심스러워진다. 그녀뿐 아니라 성인기 발달장애인 자녀를 둔 부모들에게 자녀가 아이를 갖는 일은 '사건'이 된다. '될 수도 없고, 되지도 않을 일'이라고 단호하게 말하는 엄마도 있다.

"살다보면 승윤이가 어떤 여자를 좋아할 수 있죠. 그럴 때 어떻게 표현을 할지 너무 궁금해요. 이 아이가 누구를 좋아할 때 어떤 모습일까, 약간 설렌다고 해야 하나. 그런 마음이 앞서요."

아들의 연애를 기대하고 있는 김숙자 씨이지만 승윤이가 자녀를 갖는 앞날은 상상하지 못한다.

"승윤이도 아기를 키우고 싶을 수 있고, 자기 의사이긴 한데요. 그래도 그것까지는…… 참, 안 하고 싶어요."

20년, 30년 또는 그보다 오랜 시간 자식을 위해 살아온 엄마들. 하고 싶었던 일도 그만두고, 배우고 싶은 것도 미루고, 가고 싶은 여행도 마다해왔다. 가족관계도 사회관계도 자녀를 중심으로 흘러온 시간들. 그런데 앞으로도 끝나지 않을 '돌봄'이라니! 그녀들의 침묵에 고통이 묻어난다.

열일곱 살 딸을 둔 이념 씨도 갈팡질팡 마음을 종잡을 수 없다.

"미선이가 인형놀이를 좋아하거든요. 아이를 좋아해서 강아지도 아이 다루듯 해요. 자기는 빨리 시집가서 아이를 두 명 나을 거래요. 근데 애 아빠는 지적으로 장애를 가진 아이가 어떻게 애를 키우냐고 그래요. 다른 엄마들도 장애는 1+1, 2+1이 될 가능성이 많다고 하거든요. 장애아랑 다른 장애아랑 결혼하게 되거나 둘이서 장애아를 낳을 수도 있으니까요. 이야기를 해보면 엄마들이 반반이에요. 내가 딸 옆에서 힘이 돼주면서 결혼도 하고 아이도 낳을 수 있게 도와주고, 일상을 경험하게 해야 한다는 엄마들도 있어요. 저는 팔랑귀여서 그런지 많이 흔들려요."

딸의 평범한 삶을 꿈꾸는 엄마이지만 발달장애인 자녀의 결혼과 출산에 관해서는 선뜻 대답이 나오지 않는다. '엄마가 아이의 삶을 좌지우지해도 되나, 일방적 결정은 아닐까, 하지만 엄마인 내가 감당할 수 있을까, 언제까지 책임질 수 있을까……' 질문이 꼬리를 문다. 발달장애인의 생활과 생존에 엄마와 가족의 돌봄이 절대적인 우리 사회에서는 결코 끝나지 않는 고민이다. 엄마가 발달장애인 자녀와 일치된 삶의 궤적을 그리는 이유도 바로 이것이다. 장애인이 평범한 삶을 누리기에 여전히 미흡한 우리 사회에서는 지금껏 엄마들에게 선택지가 없었다. 그녀들에게 엄마 아닌 '나, 사람'은 점점 사라져왔다.

"일을 하면서 알게 된 게, 내가 일을 좋아한다는 거예요. 그런데 오늘도 봐요. 소민이 활동보조 선생님이 그만둬서 새로 면접을 보기로 했는데, 내 일보다 면접이 우선이야. 활동보조가 없으면 내 일도 모레도 내가 소민이를 데리고 학교에 가야 돼요. 내가 꼼짝을 못하게 되잖아. 그니까 다른 일들 제치고 활동보조 면접부터 봐야 해."

이렇게 상황이 다급할 때 이찬미 씨는 문득 자신이 이기적인 것은 아닌지 되돌아본다. "아이도 제대로 관리 못하는 엄마, 일에 빠져서 사는 엄마⋯⋯" 누군가 내뱉는 말이 아니라도 머릿속을 헤매는 말들 탓에 그녀의 책임감은 죄책감으로 물든다. 그렇지만 이찬미 씨는 딸에게 '올인'하지 않겠다는 마음을 바꾸지 않았다.

"자기 일을 그만둔 어떤 엄마한테, 내가 몇 년 바싹 소민이를 보면 애가 좀 더 좋아지지 않겠냐고 물어봤어요. 근데 '올인한다는 것 자체가 소민이에게 또 다른 스트레스가 될 것 같다'고 말해주잖아. 그때 느꼈지."

자신이 행복해야 딸도 행복하다는 걸 이찬미 씨는 잘 알고 있다. 한영미 씨도 자신을 위한 일을 찾아 나섰다.

"2011년에 사이버대학에 입학했으니 올해가 마지막 학기네요. 앞으로도 기회가 주어진다면 공부를 더 하고 싶어요. 장애 관련 일을 하고 싶지만 사실 어떤 일이든 상관없어요. 젊은 사람들도 워낙 일자리가 없으니 불가능할지도 모르죠. 또 나이를 많이 따져서 기회 자체를 안 주기도 하지만. 그래도 주어진다면 하고 싶어요!

사실 내 즐거움을 찾고 다녔으면 현수가 지금의 모습까지 올 수 없었을 테니까. 내 희생이 있었죠. 그래서 엄마로는 잘 살았다고 봐요. 그런데 제 개인으로 볼 때는 좀 아니에요."

한영미 씨의 마음이 비단 한 엄마만의 아쉬운 회한은 아니다. 욕망할 수 없도록 만드는 사회에서 엄마가 아닌 나의 삶은 잊혀져왔다. 늦은 나이에 사회복지 공부를 시작한 한영미 씨의 선택은 자신을 찾는 시작이었을지 모른다.

"나이 오십이 되니까 애도 컸고, 굳이 신랑이 벌어준 것만 갖고 살지 않아도 되겠다는 생각이 들어요. 간이 살짝 배 밖에 나왔다고 해야 하나. 아, 진짜요. 하하. 이제는 불만이 생기면 신랑한테 직설적으로 얘기해요. 다 현수가 어느 정도 제 손을 벗어났기 때문에 가능한 거 같아요. 내가 하다못해 식당에서 서빙을 해도 괜찮다 싶어요. 많은 돈을 버는 건 아니더라도 뭔가 할 수 있겠다는 자신감 같은 거요. 뭐든지 할 수 있다는 게 변화죠."

정해진 길은 없다
───────────

낯선 길을 가는 엄마들은 계속 고군분투 중이다. 이정선 씨는 아들의 그룹 홈 생활을 접고 최근 경기도 송탄에 새로운 거처를 마련해 함께 살기 시작했다. 의기투합한 엄마 네 명과 자녀 네 명의 공동 생활이다. 이전에 장애인 거주시설로 사용되던 천주교 수도원을 사용할 수 있게 된 것이다. 이정선 씨가 도시의 그룹 홈을 마다하고 마을에서 뚝 떨어진 곳으로 옮긴 데에는 이유가 있다.

"나 죽은 다음까지 보장한다고 하니까 여기에 왔어요. 얘들은 힘이 없잖아요. 어떻게 될지 모른다는 거죠. 엄마가 죽은 후에 그룹 홈도 흩어지고, 나라에서 아무 데나 애들을 보내지 않을까 하는 걱정이 있었어요. 또 우리 애를 언제까지 동네 한복판에 살게 내버려둘까 싶거든요. 지금이야 애들이 청년이니까 두고 보지만 더 나이 들어서 늙고 추접해질 때 엄마마저 없으면 동네 사람들이 그냥 보고만 있을까……

전에 들으니까 어떤 나라에서는 장애인이 자동차를 파손해도 나라에서 비용을 책임진대요. 사실 우리나라가 그렇게만 되면 엄마들이 이렇게 애쓰면서 조마조마한 채로 살지 않아요. 애를 데리고 다니면 애가 돌출 행동을 할까봐 늘 노심초사니까요. 그래서 동네에 계속 있을 수가 없어요."

현재 거처는 주택 지역에서 걸어서 20분가량 떨어진 곳에 있다. 석현 씨가 좋아하는 번화한 거리, 패스트푸드, 이용할 수 있는 복지관 등과도 거리가 멀다. 이정선 씨도 이전에 살던 동네가 더 좋다는 마음을 숨기지 않는다.

"외국영화 보면 장애인들을 어디 안 보내고 가족이 같이 살잖아요. 하얗게 머리가 센 엄마가 시내 벤치나 공원에 앉아서 장애인 아이를 앉혀놓고 있는데. 그 모습이 그렇게 행복해 보였어요. 저도 우리 애하고 집에서 편하게 있고 싶지만 우리나라에서는 안 되니까요.

여기 온 다른 엄마들도 모두 밤마다 '내가 여기 왜 와 있는 거지?' 그래요, 하하. 저도 그렇고요. 사실 너무 느닷없어서 신기한 마음도 있고. 그런데 잘될 거예요."

그녀는 엄마 없이 살아갈 아들을 위해 완전하지는 않지만 새로운 선택을 했고 부단히 노력 중이다. 낯선 시작이 초조할 법도 한데 왠지 그녀에게서는 숨을 고르는 시간이 느껴진다.

이찬미 씨는 딸 소민이와 함께 노들장애인야학의 문을 두드렸다. 서울 혜화동에 있는 노들장애인야학은 배움의 기회를 얻지 못한 장애인을 위해 수업을 열어왔다. 그리고 2015년에 처음으로 발달장애인을 위한 프로그램을 시작했다.

"노들에서 발달장애인 프로그램을 시작하는 걸 보고 옳다구나 하고 간 거예요. 낮 1시부터 4시까지인데, 지금은 여섯 명이 들어요. 노들도 발달장애인 프로그램은 처음이니까 일단은 함께 노는 프로그램으로 시작을 한 거예요. 소민이가 좋아하는 목공수업이랑 방송 댄스도 있어요. 또 집회에 나가는 현장학습도 있는데 꼭 해야 하는 건 아니고. 저는 소민이가 그런 것도 경험하면 좋겠다고 생각해요."

나이도 다르고, 장애도 다른 사람들 속에서 딸이 적응해가는 모습을 보고 이찬미 씨는 더 많은 계획을 세운다.

"중증 장애인들은 갈 곳이 없어요. 복지관 같은 데는 이미 꽉 짜여 있어서 개인이 뭔가를 만들어달라고 할 수 없잖아요. 노들이 딱 시작인 거지. 그리고 이번으로 끝나지 않고 또 만들고. 지금은 몇 명 안 되지만 나중엔 더 늘려서 6개월, 1년 그 이상으로 평생교육을 받을 수 있는 교육기관으로 만들어나가고 싶어요. 직업을 얻을 수 있다면 몇 년씩 다니면서라도 배울 수 있게 하고, 소민이처럼 문화 쪽으로도 즐길 수 있게 하고, 다양한 것을 배우는 평생교육 말이지. 그런데 이게 지자체마다 없으면 또 사람들이 몰려요. 그러니까 최소한 평생교육기관은 지자체마다 있어야 해요."

성인기 발달장애인 자녀를 둔 엄마들은 비장애인을 대상으로 하는 평생교육처럼 다양하고 가계 부담이 적은 프로그램과 기관이 필요하다고 주장해왔다. 이러한 바람을 담아 발달장애인 권리 보장법이 만들어졌고 발달장애인 권리 실현의 지렛대로 기대를 모으고 있다.

이찬미 씨는 상상한다. 천천히, 그리고 구체적으로.

"10년 안에 노들에 다니면서 자가 통학을! 이게 목표예요. 이제는 마음을 편히 가지려고. 진짜 늦었다고 생각한 적도 있어요. 중학생 때부터 자립이나 다른 교육을 시작했어야 하는 건 아닌가 싶었던 거지. 지금 소민이가 열아홉 살인데 인지 연령은 다섯 여섯 살이거든. 하지만 늦으면 늦은 만큼 하는 거지. 그래서 10년 안에 자가 통학이 목표야. 동네 분들이 소민이가 지나가면 아는 척해주고. 소민이 어디 있더라고 사람들이 나한테 알려주기도 하고. 그렇게 살고 싶어요."

아들이 전공과에 떨어져 전전긍긍했던 김숙자 씨는 지역사회로 눈을 돌렸다.

"승윤이가 졸업하면 갈 데가 없잖아요. 그래서 지역의 교육문화회관 행복센터에 있는 프로그램을 알아봤어요. 노래 부르기 교실이 있길래 신청을 했어요. 대상이 지역 주민 '누구나'였거든요."

그녀는 노래 부르기를 좋아하는 아들이 참여할 수 있는 프로그램이라고 생각했다. 180명이 함께 부르는 노래에 한 명쯤 조금 못 부른다고 해서 크게 민폐는 되지 않으리라 여긴 것이다. 하지만 김숙자 씨는 장애인이라는 이유로 등록이 거부된 사례가 있다는 사실을 전해 들었다.

"프로그램에 접수하고 미리 돈부터 내놓고 싸울 각오를 했어요. 파주 시민 누구나인데 왜 안 되냐고 부딪쳐 싸우려고 마음먹었던 거죠. 그런데 안 싸우려고요. 반전이지요? 실은 얼마 전에 지역에 주간보호센터가 생겼거든요. 평생교육에 방향을 둔 주간보호센터래요. 개원 설명회에서는 휴먼 케어 주간보호센터라고 했는데, 어떤 엄마가 평생교육이면 타이틀부터 바꾸자고 제안을 해서 바꿨어요. 간판에 평생교육이라고 달고서는 돌봄만 할 수 없을 테니까요. 기존의 주간보호센터는 명 때리는 시간이 많아요. 최소 인원과 비용으로 사람을 돌보는 시스템이니까. 현실적으로 돌봄 이상의 프로그램은 어렵거든요. 그런데 지역에서 주간보호센터가 살짝 변화하는 것 같아요."

아들이 소속감을 가질 수 있다는 것에 김숙자 씨는 깊은 안도를 느낀다. 월 40만 원에 달하는 오후반 비용은 시의 지원을 받지 못하는 신설 기관의 조건상 엄마와 가족이 감당해야 할 몫으로 남겨졌지만, 그래도 지금 상황에서 이게 어딘가 싶다. 김숙자 씨는 아들과 오전시간을 어떻게 보낼지 구상 중이다. 그녀가 생각하는 가장 시급한 것은 생존을 위한 생활의 기술이다.

"정말 화장실이 급하면 버스를 타고 가다가도 편의점 같은 데 가서 급하다고 할 수 있는 정도. 이런 대처기술이라든가 자기의 신변에 관한 것들을 자기가 알아서 하는 거 말이에요. 라면이라도 끓여 먹고 자고 씻고 청소하고 이런 거. 사는 데 굉장히 중요하잖아요. 대중교통 이용해서 가고 싶은 데 가는 거라든지. 앞으로 저랑 할 게 너무너무 많아요."

엄마와 발달장애인 자녀는 갈 곳이 정해져 있어서 발걸음을 떼는 것은 아니다. 발걸음을 떼야 길을 찾을 수 있기 때문에 걷는다.

7

진동하는 삶

엄마들이 숨 쉬는 시간

엄마, 사랑해요

양은영

물풍선 같은 말
물기로 가득 차서
너에게 가 닿기 전
주르륵 흘러내리는
사랑이라는 그 말

감정마저 학습하고 훈련해야만 하는
미어짐 속에서
나는 몇 번이나 말했을까
너는 몇 번이나 들었을까

너의 조그만 입 사이
새어나온 풋콩 같았던
연둣빛 음절들
어 엄 마 아

사 롸 앙 해 요

와락

껴안을 수밖에 없었지

양은영 씨 자작시

그깟 계란

양은영

게으른 아침상
프라이 하나
접시에 올리면
함박만 해지는 여진

서진이는 싫어하고
여진이는 좋아하는 계란
꽤 오래 아예 올리질 않았는데
그게 생각할수록
미안터라
마음이 거칠거칠 트도록
미안해져서
부쩍
계란말이도 하고
계란국도 끓이는데

팬에서 프라이는
단정하게 동그래지는데
엄마는 서진이만 사랑하지?
난 엄마가 낳은 자식 아니지?

뒤집다가
콱
터지는
노른자

양은영 씨 자작시

오늘, 그리고 또 오늘

백미화

저는 큰애 낳고도 세 달 있다가 바로 일을 했어요. 살아야 되니까.

둘째 낳고도 한 달 정도 쉬다가 일을 했거든요. 계-속 사는 데만.

경제적으로 힘든 거예요. 그러다보니까 인상이 항상 짜는 인상
이라고 해야 되나요.

막 이렇게 살다보니까 내 아이를 바라볼 때도 짜는 거예요.

살면서 아차 하다가.

이제는 내가 한번 웃어보자, 미친 뭐처럼 웃어보자.

어떤 때는 일부러 웃어요. 애 얼굴에 갖다 대고 하하하하.

그럼 아이들도 좋다고 막 웃어요.

웃다보면 한번 안아주고 이렇게 되잖아요.

다독여주고 할 수 있는 게 생기더라고요.

제가 할 수 있는 게

내 아이하고 할 수 있는 게 그거잖아요.

큰애는 몸이 자꾸 안 좋아져서…… 이게 진행이 되는 거거든요.
멈춰 있으면 차라리 좋죠.
진행이 되는 거니까 마음이 더 힘들어요.
나는 여기서 머물렀으면 좋겠는데 자꾸 흘러가니까.
작은애도 형의 전철을 밟고 있거든요.

우리 애들 같은 경우 책에서는
열 살 이후에 휠체어를 타고 스무 살을 못 넘길 수도 있다.
아니면 오래 살 수 있는 사람들은 30대까지 산다, 그래요.
데이터상으로는 나와 있어요. 근데 데이터를 믿고 있으면
내 아이는 지금 앉았으니까 좀 있으면 누워 있어야 되겠네,
이 생각만 하고 있을 순 없잖아요.
그래서 그 생각을 버리고 있는 거예요.

언젠가는 저한테 그날이 오겠죠.
근데 지금만 생각하고 싶은 거예요, 저는.
그냥 앉아만 있어도 내 옆에 오래오래.
걸어 다니지 못해도 내 옆에 오래오래.

하루하루가 마지막인 것처럼
그런 느낌 있잖아요.

오늘도 무사히 잘 넘겼네.
한 번씩 하거든요. 잘 때.
오늘도 아무 일 없이
잘했다.

정리 박희정

사랑할게 언제, 어디서든

이유진

아들

엄마는 살면서 참 많은 일을 겪었어.

슬픈 일도 한가득, 아픈 일도 한가득.

기쁜 일도, 감사한 일도 있었지.

저 멀리 여행도 다녔어.

그래서 우리 아들한테도 더 많은 경험을 하게 해주고 싶은데

그저 마음뿐이고 해줄 수 있는 게 별로 없다는 게 엄마는 너무

힘드네……

엄마 스스로 매일매일 강해야 한다고 다짐하는데도

아직도 아들이 경기를 할 때면 심장이 조여와……

엄만 고작 아파하는 널 부둥켜안고 기도하고 우는 것밖엔 없어

너무 미안해.

이런 무능력한 엄마라도 너에게 해줄 수 있는 게 있어.

그건 네가 성장하면서 하는 어떤 사소한 행동이라도 전부 봐주

고 기록해주는 거야.

훗날 너에게 네가 어떻게 자라왔는지 말해줄 수 있다는 걸 너무 감사하게 생각해.

좋은 얘기만 해줄 수 있도록 노력할게.

아들도 엄마랑 몇 가지만 약속해줄래?

첫 번째는 아들이 커가면서 장애 때문에 힘든 일을 겪을 거야.

그때마다 좌절하지 말고 항상 밝고 긍정적으로 이겨내주길 바라.

두 번째는 다른 사람들 시선과 말에 상처받지 않고

언제 어디서든 당당하고 멋진 모습으로 지내주길 바라.

아들은 다른 사람들보다 조금 특별한 것뿐이야, 알았지?

조금은 부족해도

조금은 돌아가더라도

우리

항상 웃으며

그렇게 살아가자

그러기 위해선 엄마가 강하고 튼튼한 울타리가 돼야겠지?

항상 엄마한테 힘을 주고 엄마가 힘들 때 웃게 만들어주는 건

이 세상에 아들 하나뿐이야.

넌 엄마한테 태양이고 빛이고 희망이야.

그걸 꼭 기억해줬으면 해.

몇 만 번을 말해도 부족하겠지만

사랑해……

사랑한다……

사랑할게.

언제 어디서든.

정리 유해정

나 없이 홀로 될 시간을 위해

김은주

제가 병이 있어요. 몇 년 전부터 어지럼증을 느꼈거든요. 재작년 12월에 뇌 MRI를 찍었는데, 뇌종양이었어요.

의사한테 진단을 받았을 때 제일 먼저 생각나는 게 수연이었어요. 내가 만약 잘못되면 애를 어떡하지.

제가 잠을 잘 자는 편인데 일주일을 못 잤어요. 수면제도 먹고 그랬거든요. 혹이 2.4센티 정도 되는데 양성종양 같은 건 1년에 평균 2미리씩 자란대요. 그러니 이게 한 10년 정도가 된 꽤 오래된 혹이더라고요. 어떻게 보면 수연이 키우면서 받은 스트레스일 수도 있겠다는 생각이 들었어요. 나름대로 그때그때 푼다고 했지만 머릿속에서 이런 걸로 남아서 혹이 된 게 아닌가 하는 생각을 그때 감상적으로 좀 했죠.

한 달 후에 휴직하고 의사한테 "저 죽나요? 애를 키워야 되는데" 그랬죠. 의사들이 "그게 아니고 10년, 20년 지켜봐야 되는 병"이라고 하더라고요. 감사하다는 생각이 들었어요. 아, 뭐 죽는 거만 아니면 큰 문제는 아니다. 수술하고 나서는 전보다 마음이 조금 더 가벼워졌던 것 같아요. 걱정은 늘 하고 있지만.

머리는 좀 괜찮아지니까 이제는 다른 데가 아파요. 예전에는 자신이 있었죠. 제 건강에 대해서. 제가 건강하면 아이 양육은 문제없다, 수연이를 평생 내가 끼고 살 수도 있을 거라는 생각도 들었는데 '이제는 부모가 빨리 떠날 수도 있겠구나. 대비를 해줘야 되는구나' 하는 생각이 든 거죠.

수연이가 조금이라도 할 수 있는 일이 아주 작은 거라도 있으면 좋겠어요. 내가 볼 때 우리 아이는 재주 없어요. 특별한 재주 없거든요. 있다면 남을 즐겁게 해줄 수 있는 재주인데 그걸로 사회적으로 성공할 수 있는 것도 아니고, 나한테는 즐거운데 남들이 즐거워할지는 모르는 거고.

뭔가 수연이와 같이할 수 있는 사업을 하면 좋지 않을까 싶어요. 카페나 이런 걸 할 수도 있을 것 같고. 요즘에 드는 생각은 텃밭 같은 거. 딸기잼 같은 걸 생산해서 판다든지. 수연이가 땅 파는 걸 좋아하더라고요. 가족이 같이할 수 있는 뭔가를 만들어서 저희 부부 50대 이후에는 가족애를 실현하면서 살 수 있으면 좋겠어요.

정리 박희정

그래도 많이 왔어요

이념

남편이 늘 하는 소리가 있어요. "미선이가 당신 보험이잖아. 아줌마들 밖에 나오면 경력단절 때문에 돈도 얼마 안 주고 대우도 안 좋은데 당신은 미선이 때문에 그런 일 안 당해도 되니 보험이라고 생각하고 잘해봐." 그게 농담 아닌 농담이죠.

주부를 직업으로 본다면 "맞아 그럴 수 있어" 하겠지만, 하루는 아픈 아이, 하루는 멀쩡한 아이의 이야기를 들어주고, 서로의 감정을 다독이는 게 쉽지 않아요. 나이 마흔다섯 살에 아이는 장애가 있고, 로맨틱하거나 다정하지 않은 남편을 보면 우울한데, 온종일 밖에 나가 있는 남편이 제가 우울하다는 것을 아는 것도 아니고. 저희 신랑은 들어주지도 않아요. 해결책 없는 이야기하는 걸 싫어해요. 근데 또 한편 생각해보면 우리 신랑은 늘 부재중이지만 경제활동을 열심히 해서 미선이가 밖에서 주눅 들지 않게끔 해주니까 또 그렇게 밉지만은 않고.

제가 한동안 마음 풀 곳이 없으면 영화 보고 맛있는 거 먹으며, '오늘 나한테 투자 많이 했으니 집에 가면 아이들한테 잘해줘야지' 그랬어요. 저는 스릴러나 극한의 공포물을 좋아해요. 평범한 사람들이 평범하지 않은 것들에 맞서 승리하는 걸 원하는 것 같아요. 그래야 '아 맞아 저렇게 힘든 사람도 있는데 나는 참 감사한 거지. 미선이가 학교생활 잘하고 돌아온 것만으로도 감사한 거야' 그런 마음이 드니까. 매번 그렇게 우울감에 안 빠지려고 애쓰는 편이에요. 엄마가 집에서 어떤 말과 표정을 쓰느냐에 따라 아이가 많이 달라지니까.

그래도 많이 왔어요. 처음에는 죄책감에 어찌할 바를 몰랐어요. 울기도 많이 울었는데 살아보니 제가 많이 운다고 아이가 좋아지지 않더라고요. 그럴 시간에 치료실이라도 한 번 더 다녀오고 해야 좋아지는 거예요. 그래서 주저앉아 우는 건 짧게, 그때 상황이 한스러우니까. 씩씩한 게 아니라.

힘든 건 지나서 괜찮고, 네 탓이야 하는 건 오기가 생겨서 그런지 힘이 났어요, 지금부터 잘하면 되지. 정말 지지해주는 사람을 만나면 힘이 나고. 그 굽이굽이를 지나 지금 생각하면 이 말도 이런 식의 힘이었고, 저 말도 저런 식의 힘이었고…… 근데 누군가 어깨를 두들겨주면 아직도 울컥 눈물이 나요.

정리 유해정

'한 뼘' 거리두기

이신향

수겸이는 내게 어떤 존재냐면, 수겸이랑 저랑은 하나였어요. 얘 기분에 따라 내 기분이 좌지우지가 됐으니까. 지금도 많이 그렇지만.

'얘는 나야. 얘는 나고, 그니까 쟤를 건드리는 건 나를 건드리는 거야.' 그렇기 때문에 이 아이한테 그 누구든 함부로 하면 그건 참지 못했어요. 그래서 정말 내 테두리 안에 확실히 넣었죠. 아이의 의지와는 상관없이. 엄마의 인형이었죠. '내가 해줘야 하는 아이, 내가 먹여주는 아이, 내가 교육시키는 아이.' 그래서 내가 해주는 만큼 남들도 이 아이한테 해줄 거라고 믿으면서 나를 온전히 수겸이와 일치시켜왔던 것 같아요.

이제는, 그걸 많이 안 하려고 해요. 그래서 활동보조서비스도 받는 거고. 김수겸을 저한테서 좀 분리를 했죠.

수겸이 활동보조 선생님이 오시고 처음 떨어졌던 날은 제가 자리에 앉아 있지를 못했어요. 계속 시계만 보고, '아, 이 아이가 지금 거기서 뭐를 하려나……?' 우리 아이는 백 프로 내가 챙겨야 되

266

는 애, 나 아니면 안 되는 애였는데 떨어져 있으니 막 죄 짓는 기분이었어요. 진짜 밥을 먹어도 죄 짓는 기분이었고. 아, 내가 지금 뭘 바라고 아이를 벌써 떼내려고 하지? 내가 애를 귀찮아하는 건가? 애가 나한테 버거운 건가? 나도 모르는 새 내가 이렇게 생각했었나? 지금 나는 이러고 있고, 애는 다른 선생님하고 다니면 남들이 '저 엄마는 도대체 무슨 생각이지?' 이러는 거 아닌가. 이런 생각이 한 달 정도 가면서 정말 힘들었는데, 다행히 너무 좋은 선생님을 만났고, 수겸이가 선생님에게 적응도 너무 잘했고. 그래서 지금은 선생님하고 저하고 있으면 저한테 안 와요. 선생님한테 가요.

수겸이에게 바라는 거요?

그냥 같이 갔으면 좋겠어요. 그냥 조금 커서 내가 무거운 거 들고 갈 때 걔가 그냥 들어주는 정도? 지금은 안 들어주고 다 나 주거든요. 지 가방도 벗어서 나 주니까.

내가 조금 힘들어서 '아이고 수겸아, 엄마 이거 너무 무겁다' 그러면 그냥 그거 들어주는······

그것만 했으면 좋겠어요. 지 거 나 안주고. 지 거 나 안 주고, 지 것만이라도 들고······

정리 정주연

267

삶이 따로 가야 한다고 생각해요

지영원

제 인생에서 지금이 제일 행복한 시기일 거예요. 제 나이가 쉰일곱인데 말이죠.

지금은 은석이가 직장에 다니고 생활관에서 생활하다가 주말에 한 번 집에 오니까 제가 좋아하는 여행도 다닐 수 있어요. 저랑 은석이는 운이 좋은 경우죠.

장애 정도가 사회생활 하는 데 나쁘지 않은데다 직장도 쉽게 들어간 편이고.

남편하고 선볼 때 제가 세계여행을 갈 거라고 그랬더니 그러라고 했는데…… 쉰둘부터 해마다 한 번씩 여행을 가요.

30대~40대는 제 자신을 돌보지도 못하고 살았거든요. 상황상 모든 걸 올인해야 했으니까…… 애하고 365일 꼬박 붙어살았어요.

그때는 내가 왜 이렇게 사나 하는 마음도 들었는데 지금은 내 삶과 은석이의 삶이 따로 가야 한다고 생각해요.

그런데 이렇게 생각하는 엄마들이 별로 없더라고요.

장애아를 낳았으니까 나에게 책임이 있다, 이런 죄책감을 갖고 있더라고요. 모든 걸 희생해야 한다고 생각하면서도 엄마들의 표정은 밝지 않아요.

전 엄마들이 가족을 위해서 모든 걸 해야 한다고 생각하는 걸 버렸으면 해요.

조금은 이기적인 면이 있으면 어떨까?

나는 애 때문에 희생했어, 그러기보다는 자기가 좋아하는 걸 한다면 서로 윈윈 하지 않을까요. 하고 싶은 걸 하지 못하는 상황에서 애만 돌본다면, 정말 행복할 수 있을까요?

정리 명숙

계속 시도하는 인생이었으니까, 뭐든지

이정선

하나님 원망하냐고요? 당연하죠. 지금도 원망해요. 날 왜 여기다 데려다놓고. 재밌냐고…… 그래봤자 내 팔자가 그래서 그렇지 생각은 하는데, 그래도 나한테는 하나님이 떼쓸 수 있는 유일한 대상이니까. 형제나 친구들한테 떼쓰면 다시 날 보겠어요? 하나님한테 원망은 하지만 원망할 데가 있는 건 또 다행이다 싶고…… 성격이 본래 긍정적이냐고요? 맞아요. 하하.

3년 전에 남편이 죽고 나서 6개월 만에 심장 수술을 했어요. 그동안 애 때문에 스트레스가 쌓였는지, 남편 죽고 그렇게 됐는지…… 동네 병원에서는 죽을 확률이 90퍼센트래요. 살 가능성이 10퍼센트밖에 없다는 거예요. 그 병원 과장이 자기 제자한테 연락을 해줬어요. 그 사람이 우리나라에서 심장 쪽에서는 제일가는 권위자래요. 이렇게 의사를 만날 수 있는 운이 보통 운은 아니잖아요. 그 유명한 의사가 자기 스승하고 어떤 관계냐고 저한테 묻더라고요. 하하. 심장병에 안 걸리면 더 좋았겠지만, 그 와중에 또 이렇게 좋은 운이 있더라고요.

항상 긍정적으로 생각해요. 석현이가 수영이나 언어치료를 계속해도 효과는 못 봤지만 수영하러 다니면서 얻어 들은 게 많잖냐. 수영만 배워야 이익이냐. 다른 거 많잖냐 그렇게 생각을 해요. 아이를 통해서 저도 새로운 엄마들을 만났잖아요. 그전에는 나의 수준에 맞는 친구들만 사귀었는데. 예순다섯 살이면 예순다섯 살에 맞는 엄마들을 사귀었을 거고. 지금은 다 상관없어. 친구들 만나고 많은 거 얻어 듣고 위안도 받고. 목적은 달성되지 않았지만 다른 목적들은 달성했잖아요. 얻어 건진 게 많았던 거 같아요.

장애아 엄마들하고 애들하고 낯선 동네로 옮겨와 공동생활을 시작했지만 이것도 내가 노력하면 잘될 거라는 생각이 있으니까요. 저는 뭘 하면서 나중엔 망할지라도 맨날 잘된다는 환상을 가지고 하거든요. 그게 용기를 갖게 하는 거 같아요. 뭐든 잘될 것 같은. 우리 남편이 그러다 망하지 그랬는데…… 그래도 일단 시작할 때는 항상 긍정적이에요. 하하. 그리고 잘못된 적도 별로 없었고요. 여기로 옮긴 것도 잘될 것 같아요. 저는 계속 시도하는 인생이었으니까, 뭐든지.

정리 고은채

딸, 엄마, 아내 그리고 나

이상희

무룡이 퇴원하고 집에 있는데 너무 막막하고 우울했어요. 12층에 살았는데 거기서 뛰어내리고 싶을 때도 있었죠. 그럴 때마다 옆에서 날 단단하게 잡아준 건 신랑이었어요. 평소에도 힘들고 속상한 일이 있으면 신랑한테 맥주 한잔하자고 해요. 오늘 이런 일 있었다고 얘기하면 가만히 들어주기도 하고 어떤 때는 "내가 가서 뒤집어줘?" 오버하며 제 마음을 다독여주죠. 물론 처음부터 이랬던 건 아니에요. 무룡이 여섯 살 때까지 시아버님이 "네가 뭘 해서 애가 저렇게밖에 안 된 거냐"라고 저를 책망하셨어요. 너무 속상해서 얘기하면 신랑은 "넌 맨날 아버지 욕하냐" 하고 불편해하니 매일 부딪혔고 사이도 안 좋았어요. 난 그런 얘길 할 사람이 신랑밖에 없는데 신랑은 자기 부모를 안 좋게 말하니 좋을 리 없잖아요. 삐끗거리는 과정을 수도 없이 서로 견디고 맞춰왔기에 지금은 좋은 지지자이자 동반자가 된 거 같아요.

생활도 그래요. 어떤 상황에서든 내가 할 수 있는 거 찾아서 나름 즐겁게 하려는 편이에요. 사실 2013년 말부터 1년 동안은 정말 몸도 마음도 너무 힘들었어요. 친정엄마가 입원을 하셨는데, 엄마는 내 상황을 이해하면서도 자주 들여다보지 못하는 딸을 섭섭해 하셨어요. 그래서 아침에 애들 학교 보내고 집안일 하고, 무룡이 하교해 재활치료까지 마치면 서산으로 달려갔어요. 병원에서 날 새고 새벽에 올라오고…… 체력이며 일정이 너무 어려우면 못 간다고 했지만 최대한 하려고 했어요.

무룡이 학교 들어갈 때도 무얼 할까 찾다가 리본공예를 배웠어요. 무룡이 짝꿍한테 애하고 잘 지내달라고 리본 핀을 만들어 선물 했죠. 그다음에 배운 게 POP. 교실 앞쪽에 시간표를 붙여놓잖아요. 저런 거라도 하나 해드리면 환경미화도 되고 선생님이 덜 힘들겠지 싶어서 2학년 때부터 6학년까지 만들어서 걸어놨어요. 그리고 풍선공예. 도움반 행사할 때 꾸며주려고. 지금은 도자기 만드는 걸 배워요. 선생님들께 유용하고 기념될 만한 선물을 하면 좋잖아요. 무룡이랑 잘 지내달라는 마음으로…… 자연스럽게 그런 일들을 하나씩 하게 됐어요.

도자기를 만들고 운동하는 게 취미이자 오롯이 나를 위한 일이기도 해요. 무룡이 어렸을 때는 혼자 나가는 거 상상도 못했어요. 그러다 둘째 학부모 모임도 가고 조금 더 여유 있게 다른 사람들을 만나게 되니까 제 마음도 삶도 더 풍요로워졌다고 해야 하나. 내 시간이 없었다면 매일 우울하고 힘들었을 거 같아요. 또 내가 만든 걸 다른 사람한테 선물할 수 있어서 스스로에게 뿌듯함도 생기고.

내 상황에 적응하면서 그 안에서 작은 기쁨을 찾고 만들면서 그렇게 죽 살고 싶어요.

정리 이묘랑

내 것을 하나 가져가면 또 하나를 주더라고요

한영미

제가 사이버대학교에 다니고 있거든요. 정책론 수업 리포트가 벤담의 공리주의와 롤스의 정의론에 입각해서 제게 재산이 있다면 삼형제에게 어떻게 나누어줄까에 대해 쓰는 거였어요. 제가 그랬어요. "세 명의 형제에게 똑같은 기회를 주어야 한다"고요. 막 감정이입이 돼가지고.

대학에 가고 싶었거든요. 근데 아버지가 "너를 시키면 밑에 남동생은 공부 못 시킨다" 하데요. 결국 포기하고 온 게 마산. 직장 잡고 한 5년 근무하다가 결혼을 했는데, 이렇게 발목을 잡을지 몰랐어요. 직장은 내가 마음에 안 들면 다니다 그만두면 돼요, 그쵸? 근데 결혼은 그게 안 돼요. 거기다 현수까지 낳고 보니……

그래도 내가 잘 살았다고 보는 건 애가 지금 사회생활을 한다는 것. 내 꿈을 접고 현수가 어느 정도 혼자 설 수 있게끔 했다는 것. 내 즐거움을 찾고 다녔으면 저 정도까지 올 수 없었죠. 엄마들이 그래요, 부럽다고. 애가 돈을 얼마 버는지를 떠나 취업을 해서 일을 하니까…… 엄마로서는 잘 살았다고 보는데, 제 개인으로 볼 때

275

는 아니요, 잘 못 산 것 같아요.

재작년인가, 공부를 시작했어요. 제가 뭔가를 하면 되게 적극적으로 하려는 경향이 있어요. 어릴 때는 안 그랬는데, 결혼하고 현수 키우고 살다보니. 아이가 장애아면 엄마까지 장애 엄마로 보거든요. 그래서 뭐든 잘해야 한다는 강박이 생겼어요. 살짝 하는 것은 내 자신이 용납이 안 되는 거라. 내가 나이가 많아 안 되네 하는 것도 자존심이 허락지 않는 거라. 그래서 죽자 사자 했어요. 사이버대학교에 다니니까 컴퓨터도, 공부도.

기회가 주어지면 공부는 더 하고 싶어요. 일도 하고 싶고. 근데 주어질지 아직 모르겠어요. 내 나이가 많다고 안 받아줘요. 내가 아무리 똑똑해도 아닌 거예요. 구직 사이트 들어가보면 '나이 제한 없습니다'라고 하는데, 다 나이 제한 있어요. 아닌 건 아닌 거라.

현수랑 살면서도 많이 배웠어요. 자꾸 공부하고 생각하고……

세상에 공짜는 없는 것 같아요. 뭔가 내 것을 하나 가져가면 또 하나를 주더라고요.

정리 정주연

276

제 꿈이요?

전향숙

제 꿈이요?

장애인부모 모임을 만들어 일을 하니 많은 어려움들이 있잖아요?

돈이든 뭐든 나한테 떨어지는 게 있으니까 이 일을 한다는 곱지 않은 시선들도 있고.

저도 저한테 물어봤어요. 월급 한 푼 안 받고 왜 이 일을 하는 거니?

시작은 우리 아이였어요.

중학생 때까지는 내 품에서 내 아이가 어떻게 클지 그려지지만

얘도 언젠가는 성인이 되고 사회로 나갈 텐데

내가 껴안고 죽을 때까지 같이 산다고 해도 피해갈 수 없는 사고나 불확실한 현실이 있을 텐데

얘를 끝까지 지켜줄 수 있을까?

내가 부자가 돼 돈을 유산으로 준다고 애가 지킬 수 있는 것도 아니고.

우리 호성이한테 주고 갈 수 있는 게 뭘까 생각해봤어요.

사회의 복지나 정책을 바꾸는 거예요.

사람들은 진보냐 보수냐를 이야기하면서 이걸 구분하는데

호성이가 사회에 나갔을 때 시설에 갇혀 사는 게 아니라

사회에서 밥벌이라도 하는 사람이 되게 하려면

엄마인 내가 좋은 환경을 만드는 수밖에 없더라고요.

엄마 아닌 전향숙의 꿈이요?

히히……

신랑하고 약속했는데, 호성이가 어느 정도 안정되면

우리 서로 자유시간을 주자고, 1~2년 정도 자신에게 올인할 수

있도록 하자고.

난 못다 한 그림 공부를 다시 해보겠다고 했어요.

형제 많은 집에서 복닥거리며 커서

200원이 없어 사생대회에 참여 못했던 것도,

친구 숙제 도와주며 눈치 보며 크레파스 빌려 썼던 것도,

엄마가 쓰러지면서 제 꿈을 놓았던 것도

30년 넘는 세월이 지났는데도 아픈 상처거든요.

내 꿈을 찾겠다며 직장 때려치우고 일본까지 건너갔지만 학비

때문에 알바하다 꺾이고,

결혼하고 호성이 낳고 키우다보니 지금이라서.

헬로키티가 저랑 동갑인데 그렇게 오래 사랑받는,

독수리오형제처럼 지구를 지키고 정의를 지키는,

꿈을 꿀 수 있는 그림을, 캐릭터를 만들고 싶어요.

내 나이가 올해 마흔다섯인데,

더 늙기 전, 아니 오십 전에는 그런 날이 와야 할 텐데……

아니다, 꼭 오겠죠?

그런 날이.

정리 유해정

아직은 지칠 수 없어요

김숙자

전에는 혼자 여행을 가본 적이 없어요. 승윤이를 키우면서 육체적으로도 너무 힘들고 마음의 여유도 없으니까 좀 쉬고 싶더라고요. 승윤이 일곱 살 때 처음으로 남편에게 '나 1박으로 여행 좀 다녀올게' 했더니 남편이 놀라더라고요. 나 없는 동안 힘들 거 알지만 나도 좀 쉬어야겠다, 바람을 좀 쐬고 와서 더 좋은 기분으로 더 열심히 살고 싶다고 그랬어요. 무조건 동해로 가서 바다가 보이는 숙소를 잡았어요. 바다를 보면서 자고 깨고를 반복했죠, 혼자만의 시간을 보내고 있노라면 홀가분해지고 재충전이 돼요. 그렇게 으쌰으쌰 해서 1년을 또 치열하게 사는 거죠.

근래 한 3년 동안은 여행을 못 갔어요. 승윤이가 성인이 되면 어떻게 해야 할지 걱정도 되고 암담하기도 해서 공부를 시작했거든요. 사이버대학교 특수재활학과에 들어가서 사회복지와 직업재활을 복수전공 했어요. 승윤이가 고등학교를 졸업한 후 어떤 직업을 가질 수 있을까, 내가 어떤 도움을 줄 수 있을까 해서 갔는데 오히려 다른 가능성을 찾는 계기가 됐다고 해야 하나. 모든 사람이 직업을 가질 수 없고, 시간제가 맞는 사람도 있는데 꼭 직업을 가져야 할까. 종일 근무가 아니라 각자에게 맞는 형태로 일을 하면서 자신을 돌보는 삶의 조건을 만들 수 있어야 한다는 생각을 하게 됐어요. 그러려면 사회제도가 바뀌어야 하잖아요. 근데 제도라는 건 쉽게 바뀌지도 않고, 좋은 시스템이 생겼다고 해도 누구나! 바로! 그 혜택을 누릴 순 없어요. 그걸 아니까 힘들어도 아직 지칠 수 없어요. 계속 승윤이에게 필요한 게 뭔지, 뭘 할 수 있을지 알아보고 찾아야죠.

정리 이묘랑

만나서, 변해가요

이찬미

남편한테, 내가 소민이 데리고 나갔다 오면 오늘은 뭐, 어땠냐. 애가 어디에 갔었고 뭐를 했고, 이런 거 궁금하지 않냐고 그랬어요. 나 혼자만 애를 낳았냐. 이런 거 물어봐라 그랬더니, "아니 뭐…… 물어볼 생각도 안 했다"는 거예요. 나는 그런 게 섭섭했지. 나중에 보니까 우리 신랑은 돈을 많이 벌어다주는 게 아빠의 역할이라고 생각했던 거예요.

요 근래에 내가 일하면서 남편이 소민이를 픽업하고 낮에 함께 있는 시간이 많으니까, 애랑 밀착돼 있잖아요. 남편이 처음으로 아이에 대해 알고 나서는 "애 키우느라 고생했겠다" "애가 고집이 엄청나던데……" 그러잖아요. 예전에는 나를 보고 항상 왜 저렇게 목소리가 높나, 저렇게 크게 말 안 했으면 좋겠다고 생각했대요. 신랑도 변했지.

일을 하면서 저녁 6시에 집에 못 가는 게 남편한테 미안하고 그랬어요. 저녁 못 해주는 것도 미안하고요. 우리 신랑도 나 올 때까지 밥을 안 먹고 기다리고. 그런데 어느 날부턴가 남편이 밥을 해먹더라고요, 경상도 사람이. 소민이도 해 먹이고요. 남편을 재발견했다니까요. 나보다 반찬을 더 잘하고, 나는 손이 커서 뭔가를 많이 하는데, 남편은 딱 한 끼. 그래서 나도 밥 먹고 싶으면 미리 5시에 전화해야 해요. 하하. 장애 아이를 둔 엄마가 있는데 몇 달 동안 나하고 같이 근무하더니 어제 처음으로 그런 거예요. "언니 궁금한 게 있는데 아저씨가 가만 있어?"라고. 속으로 '아저씨가 가만 안 있으면 어쩔 건데?' 그랬지. 하지만 사실 나, 이혼당할까봐 겁난다니까요. 하하.

살아보니까, 좋은 사람 만난 것 같아요. 지금은 남편이 애를 키우니까 내 일도 가능하고. 어쨌든 파트너, 남편이라는 사람을 잘 만났어요. 늘 고마워요.

정리 고은채

쌍둥이들에게 요구되는 삶

우진아

밖에서 활동하던 사람이 집에서 자녀 셋을 키우니 우울증으로 세 달 동안 스스로 갇혀 있었어요. 장애를 가진 쌍둥이 아들 둘 위에 바로 연년생 딸이 있거든요. 쌍둥이가 둘 다 우는 경기가 있어서 애 낳고 1년간은 장애 진단 결과를 신경 쓸 겨를도 없었어요. 소리 지르고 울고 소리 지르고 울고. 기저귀를 다섯 살 반까지 차야 했으니까. 한 아이는 구석에서 안 나왔고, 한 아이는 위험한 난간에 올라가 있거나 아무 데나 뛰어들고. 아이들 케어하는 데 올인하고 있으니까 내가 너무 죽겠는 거예요. 밤에 동네를 두세 바퀴 돌고 오면 "휴~"하고 숨을 쉴 수 있었던 것 같아요.

우울감에서 벗어나자 너네도 즐겁고 나도 즐거운 걸 하자고 생각했어요. 내가 좋은 에너지가 없으면 아이들한테도 좋은 에너지가 안 가요. 쌍둥이가 좋아하는 바닥분수도 가고. 치료교실은 다니지 않았죠. 그 돈 갖고 캠프를 다니자! 이런 경험들이 쌍둥이에게 당연히 요구되는 삶이라고 생각했어요.

학교를 멀리 다닌 것도 교육이 되었다고 생각해요. 혼자 갈 수 있는 학교면 좋겠지만, 그게 안 된다면 가면서 많은 것을 보고 경험해도 좋겠다 싶었어요. 제가 읽었던 책에서 쌍둥이 같은 성향의 사람들은 대중교통을 많이 이용해야 충분히 숙지할 수 있다고 했거든요. 그래서 일찍부터 지하철이나 버스를 탔어요. 왜 저런 애들을 데리고 다녀, 우는 아이를 보고 왜 저래 그러는 소리를 듣기도 하고. 내리라며 버스를 진짜 세운 적도 있어요. 그렇지만 한 번도 싸우지는 않았어요. 그들을 이해할 수 있으니까.

요즘 쌍둥이를 자원봉사자들하고 캠프 보내면 A4 용지에다 세 가지를 써줘요. 뭘 좋아하고, 뭘 잘하고, 어떤 걸 힘들어하는지. 그리고 쌍둥이가 밥 먹을 때 편식해도 괜찮다, 대신 어떤 반찬을 좋아하는지 물어봐달라 그래요. 그러면 자원봉사자분이 아이가 대답을 하냐고 물어요. "네. 대답을 해요. 그런데 몸으로 하니까, 기다려주세요."

그리고 쌍둥이에게 어릴 때부터 양말 하나를 신을 때도 "어떤 거 신을 거야?" 물었더니 지금은 서랍에서 원하는 걸 고르더라고요. 아이들이 거부했을 때 "그냥 해, 이렇게 해" 하기보다 왜 그런지 물어보면 그걸 자기가 판단해서 결정해요. 그게 반복적으로 학습되면 스스로 결정할 수 있다고 봐요. 발달장애를 이해하는 것도 필요하지만 장애인이 이해 대상으로만 여겨지지 않았으면 해요.

정리 명숙

선배 엄마들한테 무지 감사해요

심선화

저는 선배 엄마들한테 무지 감사하게 생각해요. 다른 후배 엄마들도 그럴 거예요. 활동보조라든가 치료비라든가 이런 게 만들어지게 된 건 그분들 덕이잖아요. 실제 그분들의 애들은 아무 혜택도 못 받았는데……

정은이가 초등학생일 때는 보조원 선생님 구하기가 정말 힘들었어요. 하늘에 별 따기였어요. 그전까지는 제가 헬리콥터 맘이었어요. 학교 주변을 뱅뱅뱅 도는 거 있잖아요. 학교에 무슨 일이 있지 않을까 계속 주위를 맴돌았지요. 그러다가 중학교 때 보조원 선생님도 생겼고 활동보조제도도 생겼고 방과 후 제도도 생겼는데, 선배들은 그런 게 전혀 없었잖아요. 아무 것도 없었잖아요.

얼마 전부터 정은이도 활동보조서비스를 받게 됐어요. 학교도 활동보조 선생님하고 가니까 제 일은 줄고 여유 시간이 생겼어요. 처음에는 뭘 해야 하나 싶고 공허감이 생겼어요. 그렇다고 제가 일을 안 한 건 아니지만, '진작 이런 제도가 있었다면!' 그런 생각이 들더라고요. 학령기에 있는 엄마들은 직장생활도 할 수 있을 거 같

288

아요. 교통비도 지원되니까 아이가 학교 다닐 동안은 비용 부담도 줄어요. 정은이가 학교에서 나오고 주간보호센터 가려면 부담이 생기겠지요.

이렇게 서비스를 받으니까 이 제도를 쓸 때마다 선배 엄마들이 아니었으면 얼마나 힘들었을까 싶어요. 활동보조가 있으니까 가족들도 숨을 쉴 수 있게 됐고 예전에 시설에 가야 할 사람들도 가지 않게 되었고. 활동보조인은 우리랑 같이 살아가는 사람이니까 아주 고마운 분들이잖아요. 나의 언니, 사촌처럼 나를 도와주는 동반자잖아요.

그리고 지체장애인분들이 지하철 타고 다니면서 활동한 게 우리 아이에게도 힘이 되는 거 같아요. 사람들이 장애인을 자주 접하게 되는 거니까. 장애 유형을 떠나서 사람들이 장애인을 많이 보게 되면 정은이처럼 돌발행동을 하는 아이, 소리 지르는 아이도 있다는 걸 생각하게 되지 않을까요? 장애를 이해하게 되는 게 아닐까요?

정리 명숙

'꽃이 피지 않는 나무'는 어떻게 열매를 맺었을까요?

박혜영

제가 지금도 눈물이 많지만 예전에는 형래 얘기만 시작하면 눈물이 폭포수처럼 쏟아졌어요. 다른 엄마들한테 위로와 도움을 받고 저도 제 경험을 나누면서 조금씩 단단해진 것 같아요. 형래가 경기를 심하게 한 날, 형래가 나를 못 알아보는 상황이 올까봐 정말 무서웠어요. 그때 친정엄마가 그러시더라고요. "꽃이 피지 않는 나무가 있었대. 그 나무 주인은 꽃이 안 펴도 좋다, 열매를 안 맺어도 좋다, 그냥 이대로만 건강하게 살아라. 이 상태로도 좋다는 마음으로 가꾸니 나중에 열매를 맺더란다." 이런 말을 하시면서 괜찮을 거라고 꾸준히 하면 된다고 그러셨어요. '이 상태로 좋다'는 게 그냥 내버려두는 건 아니라고 생각해요.

저는 부모님들이 우리 사회에서 장애인들이 처한 상황을 정말 잘 알아야 한다고 생각하거든요. 그래서 저희 장애인부모모임 '밴드'에 원주 '사랑의집' 사건 같은 것도 올리고 공유하려고 해요. 그런데 게시물이 삭제됐더라고요. 그래서 회의석상에서 공식 안건으로 제기했어요. 모인 분들이 '그런 이야기 너무 마음 아프고 차마 볼 수가 없다'고 하면서 '즐겁게 밴드를 하자'고 하는 거예요. 그렇지만 어둡고 불편해도 그게 우리 현실인데, 적극적인 행동은 못하더라도 현실을 파악하고 나누는 것이 필요하다고 생각해요. 그렇게 마음을 모아가야 필요할 때 뭐라도 할 수 있는 거 아닌가요. 그래서 다른 부모님들이 불편해하고 때로 저를 싫어하시는 것 같아도 자꾸 밴드에 올리고 이야기하려고 해요. 자꾸 흔들어야 지금보다 한 걸음 더 나아가죠.

정리 이묘랑

글쓴이 소개 (가나다 순)

고은채   사람을 만나고 기록을 할수록 마음이 작아진다. 그이
들의 이야기를 과연 제대로 담아낼 수 있을까, 이렇게
얻어듣고 배워도 되나. 나이를 불문하고 그이들이 들
려주는 이야기에 고개를 숙인다. 인권교육을 하고 있
으며 《금요일엔 돌아오렴》《다시 봄이 올 거예요》를
함께 만들었다.

명숙   인권운동사랑방에서 인권활동을 하고 있다. 사람을
만나고 이야기를 듣는 걸 좋아한다. 그 만남을 남기는
게 민중의 힘, 약자의 힘이 될 것이라 믿으며 2013년
부터 기록활동을 하고 있다. 사람과 기록에 대한 끌림
은 자기 안의 소수성을 타인의 언어로 재확인하는 일
이기에 빠져든 것이리라.《밀양을 살다》《금요일엔 돌
아오렴》《숫자가 된 사람들》《다시 봄이 올 거예요》를
함께 썼다.

박희정   인터넷 언론에서 퇴사한 후《밀양을 살다》를 함께 쓰
면서 본격적인 기록활동에 들어섰다.《금요일엔 돌아
오렴》《숫자가 된 사람들》를 함께 썼다. 일련의 기록
활동 속에서 기록은 구술자를 이해하는 과정이면서
기록자 자신을 돌이켜보는 과정이기도 하다는 것을
깨달았다. 함께하는 기록을 통해 아픈 이야기를 직시
하는 힘을 차곡차곡 쌓아나가고 싶다.

유해정   동그랗게 모여 앉는 세상을 위해, 고통과 희망의 뿌리
를 삶의 언어로 기록하며 전하고 싶다. '들리지 않고
보이지 않는' 이들의 증언이 개인의 상처가 아닌 사회
적 기억이 되길 바라며, 오늘도 많은 이들에게 '빚'지
는 기록을 하고 있다.《밀양을 살다》《금요일엔 돌아
오렴》《다시 봄이 올 거예요》 등을 함께 만들었으며,
인권기록활동네트워크 '소리'로 오래 세상과 만나길
희망한다.

이묘랑   가려지고 희석된 인권을 만나는 통로가 되고 삶을 살
피는 기회가 되기를 바라며 인권교육활동을 하고 있
다. 사람들과의 만남을 통해 한 사람 한 사람의 삶이
갖는 힘을 확인하게 되기에 더 많은 사람들과의 만남

을 기대한다.《밀양을 살다》《숫자가 된 사람들》을 함께 썼다.

정주연   드러나지 않는 이웃의 삶에 귀를 기울이며, 그이들의 이야기가 세상에 가 닿기를 바라며 기록 작업에 참여하고 있다. 귀한 시간의 경험을 들려준 이들이 오히려 들어주어 고맙다고 말할 때, 빚진 마음을 털어낼 수 없다.《금요일엔 돌아오렴》《다시 봄이 올 거예요》를 함께 만들었으며, 이번 작업으로 인권기록활동네트워크 '소리'와 만나며 기록 작업에 대해서 깊이 배우는 시간이 되었다.

삽화: 이선일   서울의 마지막 남은 '산동네'에 위치한 작업실에서, 그가 발 딛고 있는 곳의 사람살이를 그림으로 풀어내고 있다. 〈오름짓〉〈길들여지지 않는 마음〉〈덜 미학적인 더 인간적인 ─ 스스로 풍경이 된 마을〉 등의 개인전 제목에서 드러나듯이 그는 앞으로도 '가만히 있으라' 요구하는 세상을 향해 꿈틀대는 사람들의 이야기를 그려갈 것이다.

그래, 엄마야

초판 1쇄 펴낸날 2016년 4월 22일
초판 5쇄 펴낸날 2022년 5월 10일
지은이 인권기록활동네트워크 '소리'
펴낸이 박재영
편집 이정신·임세현·한의영
디자인 조하늘
제작 제이오
펴낸곳 도서출판 오월의봄
주소 경기도 파주시 회동길 363-15 201호
등록 제406-2010-000111호
전화 070-7704-2131
팩스 0505-300-0518
이메일 maybook05@naver.com
트위터 @oohbom
블로그 blog.naver.com/maybook05
페이스북 facebook.com/maybook05
인스타그램 instagram.com/maybooks_05

ISBN 978-89-97889-96-9 03300

만든 사람들
교정교열 윤현아
디자인 간소